아동 · 청소년의 불안과 공황에 대한 필독서

누구나 걱정은 하는 거란다

아동 · 청소년의 불안과 공황에 대한 필독서

마이클 톰킨스, 캐서린 마티네즈 지음
마이클 슬로안 그림
이태선 옮김

Σ시그마프레스

누구나 걱정은 하는 거란다 아동·청소년의 불안과 공황에 대한 필독서

발행일 | 2015년 6월 20일 1쇄 발행
저자 | 마이클 톰킨스, 캐서린 마티네즈
역자 | 이태선
발행인 | 강학경
발행처 | ㈜ 시그마프레스
디자인 | 우주연
편집 | 류미숙

등록번호 | 제10-2642호
주소 | 서울시 영등포구 양평로 22길 21 선유도코오롱디지털타워 A401~403호
전자우편 | sigma@spress.co.kr
홈페이지 | http://www.sigmapress.co.kr
전화 | (02)323-4845, (02)2062-5184~8
팩스 | (02)323-4197

ISBN | 978-89-6866-441-0

My Anxious Mind : A Teen's Guide to Managing Anxiety and Panic

＊ 책값은 책 뒤표지에 있습니다.

이 도서의 국립중앙도서관 출판예정도서목록(CIP)은 서지정보유통지원시스템 홈페이지(http://seoji.nl.go.kr)와 국가자료공동목록시스템(http://www.nl.go.kr/kolisnet)에서 이용하실 수 있습니다.(CIP제어번호: CIP2015016181)

역자 서문

미국심리학회에 스트레스와 관련된 발표를 위해 참석했을 때 이 책을 처음 보았습니다. 공인받은 건강심리전문가이자 학생들에게 심리학을 가르치던 저는 "아! 바로 이 책이다!"라는 확실한 느낌을 받았습니다. 이해하기 쉽게 쓰여 있고 실제로 행하는 다양한 방법들이 걱정이라는 감정 때문에 힘들어하는 사람들에게 분명히 도움이 될 거라고 생각했습니다. 그리고 한국으로 돌아오는 비행기에서 한 권을 순식간에 읽어 버릴 만큼 이 책은 흥미로웠고 도움이 되는 내용으로 가득 차 있었습니다.

누구나 걱정은 하는 거란다의 원제는 *My Anxious Mind*입니다. 바로 해석을 하면 '나의 불안한 마음'이지요. 이 책을 한국어로 옮긴 저도 어릴 적 어느 때부턴가 깊은 바다나 지구 밖의 우주를 무서워하기 시작했고, 그래서 컬러 사진이 가득한 백과사전을 펼쳐보는 것을 두려워하던 시절이 있었습니다. "나만 이상한가?" 하는 생각도 해봤지만 주변을 보니 다들 조금씩은 두려워하는 것들이 있더라고요. 어떤 친구는 한강을 건너기 위해 다리를 지나가는 것을 몹시도 두려워하고, 또 어떤 친구는 늘 다른 친구들이 나를 어떻게 생각할까 걱정을 하고 있었습니다. 불안이라는 감정은 나만의 감정이기도 하지만 친구, 부모, 혹은 아무런 걱정이 없을 것 같은 신부, 목사, 스님, 기타 종교지도자 들조차도 지니고 있었습니다. 그래서 우리 모두의 주제로 제목을 바꿔 보았습니다.

　이 책은 걱정을 하고 있는 아동, 청소년과 곁에서 도움을 주길 원하는 가족, 교사, 심리학과 정신건강 영역의 전문가 등 다양한 사람들을 위한 책입니다. 어린이나 청소년이 차근차근 읽고 자기 스스로 책에서 권유하는 연습을 해도 좋고 그들에게 도움을 주고 싶으신 분 또한 하나씩 지도하시며 함께 풀어가도 좋습니다. 아무쪼록 이 책이 불안이라는 감정에서 벗어나는 데에 좋은 지침이 되기를 바랍니다.

　이 책을 선택해 주신 독자께 감사드리고, 책의 출간을 오랜 시간 기다려 주신 ㈜시그마프레스 임직원 분들, 그리고 마지막으로 곁에서 늘 응원해 주고 믿어 주는 사랑하는 가족에게 감사의 마음을 전합니다.

만약 당신에게 불안이 없다면 당신의 삶이 어떻게 달라질지 생각해 보세요. 당신의 삶에 어떤 변화가 생길까요? 새로운 일을 하거나 새로운 친구를 사귀게 될까요? 공부를 좀 덜 하게 되어 조금 더 잠을 잘 자고 조금 더 자유시간을 보내게 될까요?

당신이 혼자 이 책을 읽든지 아니면 집단에서나 혹은 부모와 상담 선생님, 심리사 선생님과 함께 읽든지 이 책에 나오는 방법과 전략은 당신의 걱정과 두려움을 조절할 수 있도록 도와줄 수 있습니다. 우리는 그동안 여러 가지 방식으로 개별적인 계획을 세워 많은 청소년들의 불안을 낮추도록 도움을 주었습니다. 이 방식들은 마음과 몸을 편안한 상태로 돌려 놓기 위해 활용하는 심리치료의 한 방식인 인지행동치료(CBT)와 비슷합니다. 우리는 CBT 방식들이 어떤지 알고 있고 그 방식들은 당신에게 도움이 될 것입니다. 우리는 완성된 실습과 연습을 통해 시작하도록 하려고 합니다. 당신은 매일 일상에서 이 연습을 할 수 있어요. 걱정되는 마음을 편안하게 만들기 위해 30분을 기꺼이 쓸 수 있겠습니까?

당신이 이것을 시작하기 전에 미리 몇 가지 조언을 하고자 합니다. 우리는 서로 다른 두 사람이 같지 않고 당신이 읽고 있는 이 책에 나오는 어떤 내용은 당신에게 딱 들어맞지 않을 수도 있으며 어떤 것은 전혀 다를 수 있다는 것을 알고 있답니다. 그건 괜찮아요. 우리는 다만 당신의 상황에 도움이 되는 방법과 전략들을 사용하기를 바랄 뿐입니다. 그리고 정말 많은 것이 그러하듯 성공은 무얼 하기를 원하느냐보다는 당신이 무엇을 하느냐에 달려 있습니다. 변화를 만들고자 하는 마음이 충분하면 어떠한 노력이라도 하게 될 것입니다. 당신에게 우리가 권하는 것은 다음과 같습니다.

- 계획에 책임감을 가지세요.
- 꾸준히 할 것을 약속해 주세요.
- 사소한 어려움을 받아들이세요.
- 두려움과 걱정의 좋은 점도 인정해 주세요!

계획에 책임감을 가지세요

만약에 선생님이 당신에게 그다지 많은 숙제를 내주지 않고 당신의 친구나 가족이 별로 스트레스를 주지 않는다면 당신은 불안을 덜 느낄 것 같나요? 어쩌면 당신은 자신에게 영향을 주는 많은 것을 통제할 수 있을 겁니다. 부모, 선생님, 친구들 그 누구도 아닌 당신이 불안한 마음을 책임지게 됩니다. 이것은 당신이 받아들이기 어려울 수 있어요. 책임을 진다는 것은 당신이 할 수 있는 가장 중요하고 힘을 주는 단계입니다. 책임을 진다는 것은 친구, 학교, 부모, 당신 자신을 비난하는 걸 의미하지 않아요. 책임지는 것은 통제를 하는 것입니다. 모든 걸 혼자 하는 것이 아니라 앞장서서 한다는 말을 의미합니다.

꾸준히 할 것을 약속해 주세요

당신의 불안을 잠재우는 법을 배운다는 것은 시간과 훈련이 필요합니다. 심지어 당신이 불안함을 낮추기 위해 매우 의욕에 차 있다 하더라도 언젠가는 불안한 마음으로 돌아가게 될 거예요. 그런 것쯤은 괜찮아요. 또 어느 샌가 아무것도 느껴지지 않게 될 때도 있을 거예요. 이것 또한 괜찮아요. 당신은 강인해진 날 이후 계속 그 상태를 유지하는 게 어려울 것입니다. 그리고 앞으로도 불안을 덜 느끼게 될지에 대해 궁금해할 겁니다. 그러나 그런 것들은 훈련을 그만두는 이유가 되지 않습니다. 대신 당신이 최소한 3개월이나 어떤 변화가 생기는 것을 볼 동안 계획에 따라 작업을 하겠다는 약속을 스스로에게 해보세요. 그리고 그때 가서 되돌아보세요. 당신이 시작했던 곳보다 앞서 있다는 것을 보게 될 거예요. 당신은 그곳에 있을 것이고 그것이 이 작업을 꾸준히 하도록 돕는 과정이랍니다.

사소한 어려움을 받아들이세요

삶을 충분히 살아가는 데에는 크고 작은 위험들이 있습니다. 이상하게 들리겠지만 걱정을 느낄 기회를 얻지 않거나 불안을 생각하는 것에 어려움이 없거나 약간 다르게 행동하면 당신의 불안한 마음을 잠재울 수 있는 방법은 없습니다. 만약 당신이 공포증을 가지고 있다면 그것은 당신이 두려움에 직면하고 있다는 의미가 될 거예요. 그래서 만약 공황발작이 있다면 그건 공황에 맞서 싸우는 것보다는 너그럽게 봐준다는 의미가 될 것입니다. 당신의 스트레스 원인이 친구라면 당신이 어떻게 느끼는지를 말한다는 겁니다. 당신은 두려움을 한 번에 전부 떠맡을 필요는 없습니다. 만약 작은 단계에서 태클이 걸린다면 당신은 평화로운 방법으로 그 두려움과 걱정을 깨버리도록 시작할 수도 있고 완전하게 그것과 대면하는 것을 배울 수도 있습니다.

두려움과 걱정의 좋은 점도 인정해 주세요

당신은 지금 정말로 하고 싶지 않은데도 당장 숙제나 심부름을 해야 할 때 그로 인한 엄청난 스트레스를 받는다고 부모님께 말해 본 적이 있나요? 많은 불안한 어린이와 청소년은 말하고 나서 받게 되는 대가가 걱정된다고 여깁니다. 그러나 우리는 그게 당신이 두려움과 걱정을 이겨 내고 싶지 않다는 말이 아니라는 것을 알고 있습니다. 그것은 단지 당신의 불안과 두려움이 엄습할 때 당신이 두 가지 마음을 가지고 있는 것입니다. 물론 당신에게는 불안한 마음이 있을 것이고 그 반면 다른 마음이 있는데 그건 그렇게 함으로써 편안한 것들입니다. 당신이 생각하기에 무언가 대가를 지불한다고 생각되면 최소한 잠시 동안만이라도 당신이 무엇을 이루었는지 보기 위해 돌아가 볼 것을 권합니다. 한편으론 당신이 무엇을 할 수 있는지, 무엇이 될 수 있는지 얼마나 많이 성공할 수 있을지 전혀 모르게 될 수도 있어요. 우리는 당신이 최종적으로는 모두 가치 있는 것으로 보리라 생각합니다.

어느 때라도 혼자 불안함을 짊어지는 것이 너무 어려운 것 같으면 당신의 부모나 친한 친구에게 책을 통해 도와달라고 부탁하세요. 때로는 격려가 되는 말이 계속해서 어려운 일을 할 수 있게 해줄 수 있습니다. 불안이나 공황을 극복하는 것은 쉬운 일이 아니기 때문에 좋은 도움은 정말 유용할 수 있어요.

그러나 때로는 가장 좋은 지도자는 그동안 불안을 가진 청소년들과 많은 경험을 나눈 심리사 선생님이기도 합니다. 이는 특히 당신이 격렬하거나 극도로 불안을 느낄 때 그렇습니다. 전문가들은 당신이 곤경에 빠져 있다면 탈출할 수 있도록 큰 도움을 줄 수 있어요. 심리치료를 받아 보지 않았지만 해보고 싶다면 부모님께 이야기해 보세요. 이 책 뒷부분에 당신이 원한다면 도움을 받기 위해 어떻게 해야 하는지에 대해 적어놓았습니다.

행운을 빌어요!

마이클 톰킨스와 캐서린 마티네즈

추천사

누구나 걱정은 하는 거란다는 매우 멋진 책입니다! 이 책은 누구나 불안을 줄일 수 있도록 이해하기 쉬운 정보와 실습과 간단한 방법을 담고 있습니다. 그래서 불안을 느끼는 청소년이나 부모, 선생님들은 꼭 읽어야 하는 필독서입니다. 그렇지만 나이와 상관없이 '불안한 마음'을 지니고 있는 사람이라면 누구에게나 도움이 될 것입니다.

주디스 벡 교수

벡 인지치료센터 센터장

펜실베이니아 대학교 정신과학 교실 임상심리학 조교수

인지행동치료학회 전 회장

이 훌륭한 책은 각종 불안을 가지고 있는 청소년이나 부모가 꼭 사서 읽이야 하는 책입니다. 힘들어하는 요즘 청소년과 경험이 많은 임상가들의 불안에 대한 생각은 잠재적으로 치료가 어려운 효과에 도움을 주지만 이 책은 두려움과 강박적인 행동에 대한 입증된 자세한 전략을 보여줍니다.

글렌 엘리어트 교수

캘리포니아 팰로앨토, 어린이 건강 자문위원회 정신과 치프 및 원장

청소년 약물 투여 : 정신과 약물이 당신의 아이에게

도움이 될지 아픔이 될지 알기 저자

누구나 걱정은 하는 거란다에서 다루는 전략들은 확실히 불안을 치료하는 분야에서의 최신 연구에 기초하고 있습니다. 동시에 이 책은 매우 이해하기가 쉬우며 매력적입니다. 나는 이 책을 불안감으로 고통받고 있는 청소년들에게 강력히 추천합니다. 부모들도 꼭 읽으셔야 하는 책입니다!

마틴 안토니 교수

ABPP 회원

토론토 라이어슨 대학교 심리학과 교수

항불안 워크북 저자

다섯 명 중 한 명 이상의 청소년이 다소 약한 두려움이나 걱정을 하고 있는 청소년에 비하여 현격한 불안에 시달리고 있습니다. 톰킨스 박사와 마틴즈 박사는 청소년을 위한 불안 관리 가이드를 단계적으로 제시하고 있습니다. 불안한 생각을 다루는 발달된 기술뿐 아니라 불안의 신체적 증상, 회피하려고 하는 행동, 그리고 매우 중요한 부분인 수면, 영양, 운동에 대해서도 다루고 있습니다.

존 피아센티니 박사

ABPP 회원

UCLA 의과대학 정신생물행동과학과 교수

UCLA 세멜 신경과학 및 인간행동연구소 어린이 강박장애,

불안, 틱장애 센터장

누구나 걱정은 하는 거란다는 불안함을 느끼는 청소년, 수줍음이 많은 사람, 불안이나 부끄럼이 너무 많아 고통스러운 사람들을 위한 기가 막힌 책입니다. 불안이 청소년들로 하여금 친구를 사귀거나 그들이 원하는 것을 방해한다면 스스로 잘하려고 한다거나, 도움을 요청할 수 있으며 이 책은 바로 그런 사람들을 위한 책입니다. 톰킨스 박사와 마틴즈 박사는 신중함과 명확함을 가지고 그들의 젊은 독자와 따뜻하게 커뮤니케이션을 하고 청소년 시기의 도전에 대하여 깊은 이해를 하며 이 책을 썼습니다. 금방이라도 세상이 끝날 것같이 걱정이 많은 청소년이 스스로 방향을 잡고 도움을 받는 데에 얼마나 큰 도움이 되는지 모릅니다. 그리고 불가피하게 생기는 사람들 사이에서의 문제나 청소년의 사랑, 두근거림, 홀로 설 수 없을 것 같은 기분 등을 해결할 수 있도록 도와줍니다. 독자들은 이 저자들의 경험과 지혜를 통해 많은 것을 얻을 수 있을 것입니다.

린 헨더슨 박사

캘리포니아 팰로앨토 수줍음 센터장

소셜 피트니스 훈련 매뉴얼 저자

차례

chapter 7 가족, 친구 그리고 학교 스트레스

chapter 8 영양, 운동 그리고 수면

chapter 9 직접적으로 약에 대해 이야기하기

chapter 10 희망, 마음 그리고 살짝 말해 주는 비밀

CHAPTER 1

걱정이 문제가 될 때

당신이 걱정스러운 마음을 가지고 있다면 당신이 혼자가 아니라는 사실을 알고 있기를 바랍니다. 미국에서는 20명 중에 한 명 꼴로 극심한 걱정, 공포증, 공황발작에 시달리고 있다는 사실을 알고 있나요? 사실입니다. 당신의 학년이나 학교에서 전교생을 세어 보고 그 숫자를 20으로 나누어 보세요. 정말 많은 숫자입니다. 불안한 마음을 가진 사람은 정말 많아요.

만약 당신이 불안한 마음을 가지고 있다면 우리는 당신이 버튼을 눌러 걱정을 꺼 버리거나 볼륨 손잡이를 돌려 두려움을 약간 줄이고 싶어 한다는 데에 승부를 겁니다. 만약 당신이 불안한 마음을 가지고 있다면 당신이 할 수 있는 게 아무것도 없는 것처럼 느껴질 거예요. 그것은 불안한 마음에 갇혀 있는 것이지 당신이 아닙니다. 당신이 이 책을 읽는다면 우리는 당신이 걱정을 떨쳐버리고 싶은 마음을 채워 넣고 싶어 할 것이라고 단언합니다. 당신이 그 마음을 채워 넣기 위한 첫 번째 단계는 할 수 있는 만큼 많이 불안에 대해 공부하고 전문가가 되는 것입니다. 이 장에서는 불안이 언제 도움이 되고 그다지 도움이 되지 않는지를 배우고 걱정의 수레바퀴를 계속 돌게 하는 세 가지 이유를 이야기할 것입니다. 마지막으로는 당신에게 불안한 마음이 어떻게 문제를 일으켰는지와 그 불안한 마음들이 얼마나 생활을 어렵게 만들었는지를 듣게 됩니다.

불안은 무엇일까요

누구나 때때로 불안을 느낍니다. 불안은 모든 사람이 경험하는 정상적인 감정입니다. 중요한 시험을 보기 전이나, 첫 번째 데이트를 앞두었거나 큰 경기에 선발로 출전하기 전에 누구나 느끼는 감정인 것입니다. 사실 약간의 불안은 당신을 보호해 주기도 한다는 점에서 좋은 것이기도 합니다. 만약 당신이 학교에서 집으로 걸어가고 있는데 큰 개가 이를 드러내며 으르렁거린다면 안아 주려고 손을 내밀까요? 그렇지 않을 겁니다. 왜냐하면 당신의 두려운 마음이 "위험해!"라고 말을 하고 당신 몸은 그 말을 듣고 있기 때문이지요. 실제로 당신은 그 개에게서 천천히 뒷걸음질 치고 다른 길로 조심히 귀가할 것입니다. 그러나 때론 불안한 마음은 위험하지 않거나 적어도 위험이 아주 적고 그럴 가능성이 없을 때에도 대상이나 상황이 위험하다고 이야기합니다. 당신의 불안해진 몸은 때때로 그 둘이 다르다는 것을 몰라요. 당신은 불안한 마음의 소리를 듣고 마치 위험이 진짜인 것처럼 행동합니다. 불안해진 신체는 당신을 보호하기 위해 과도하게 움직이고 이런 경우 도울 수 없는 어려운 불안으로 진행될 수 있습니다.

돌고 있는 걱정의 수레바퀴

도울 수 없는 불안을 경험할 때 당신의 불안한 마음은 수레바퀴처럼 돌고 또 돕니다. 우리는 이를 걱정의 수레바퀴라고 불러요.

당신의 걱정의 수레바퀴는 불안한 마음, 불안해진 몸, 불안행동 이렇게 세 부분으로 되어 있습니다. 불안한 마음은 "만약에 수학 시험을 망치면 어떡하지?"나 "만약 그 애가 나를 이상한 애라고 생각하면 어떡하지?"와 같이 당신을 불안하게 만드는 당신의 생각을 포함합니다. 마음이 불안할 때 당신은 무언가 나쁜 일이 생길 것을 걱정합니다. 축구 시합에서 중요한 패스를 못 받는 것이나 친구들로부터 똑똑하고 근사하다는 이야기를 듣지 못할 것에 대해 걱정을 합니다. 당신의 불안한 마음은 확실히 돌고 있는 걱정의 수레바퀴를 따르고 있어요. 또한 당신의 돌고 있는 걱정의 수레바퀴가 유지되는 또 다른 부분이 있고

걱정의 수레바퀴

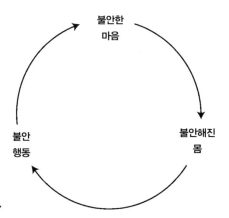

불안한
마음

불안해진
몸

불안
행동

그것은 불안해진 몸입니다.

몸이 불안할 때 당신은 다양한 신체적 감각들을 느끼게 됩니다. 심장이 좀 더 빠르게 쿵쾅거리고 숨이 가빠지며 땀이 나고 메슥거리고 긴장하게 됩니다. 이윽고 당신의 불안한 마음은 불안한 몸으로 흘러들어 가고 이것은 돌고 돌게 되며 빠르고 빨라지며 불안한 생각이 강해질수록 신체적인 감각의 긴장도 더욱 강해집니다. 지금 당신의 걱정의 수레바퀴는 실제로 돌고 있는 중이에요.

시간이 좀 지난 후 당신의 불안행동은 멀리 도약합니다. 불안행동은 당신의 불안한 마음과 몸에 대해 보호하거나 대처하려는 것들이에요. 그것은 앞으로 일어날 어떤 나쁜 일들에 대해 미리 방어를 하려는 당신만의 방법인 것이죠. 만약 사회적 상황이나 다른 사람들이 주변에 있다면 안심하고자 하는 이 행동은, 즉 친구가 당신에게 어떤 게임을 물어볼 때 당신은 자기가 좋아하는 게임을 말하기보다는 그 친구에게 무엇을 좋아하는지를 물어보거나 시험을 잘치기 위하여 제일 똑똑한 친구보다 몇 시간 더 공부를 할 것이고 분명히 결과도 좋을 겁니다. 하지만 좋은 성적을 얻기 위하여 당신은 금요일 저녁에 집에만 있고 친구들과 밖에 나가는 것을 피할 것인데 이는 모두 당신의 불안 때문이겠지요.

불안행동은 문제를 해결해 주지 않아요. 그것은 단지 걱정의 수레바퀴를 계속 돌릴 뿐이죠. 당신의 걱정의 수레바퀴는 정말 빠르고 격렬하게 돌 테니까 파티 중 혼자 떠나거나 친구들 사이에서 따로 나와 걷는 것 같은 상황은 꼭 벗어나야 합니다. 다른 사람들과 부딪히는 상황을 피하면 불안한 마음이 조금은 잦아들고 몸의 긴장은 덜 느낄 수가 있지만 실제로는 당신이 걱정의 수레바퀴를 계속 돌리고 있는 불안을 극복하도록 도와주지는 않습니다. 이런 행동들은 이 다음에 다시 수레 바퀴가 돌기 전까지 회전을 느리게 할 뿐이죠.

어떤 사람들에게는 걱정의 수레바퀴가 종종 그들의 불안이 격렬하고 과해질 정도로 충분히 돌고 있습니다. 자신의 불안 수준에 대해 생각해 볼 때 '과도한'이라고 하는 것의 정의는 애매하지만 아래 4개의 질문에 주의한다면 도움을 받을 수 있습니다.

- 당신의 불안은 상황에 부적절하지는 않나요? 예를 들면, 만약 당신 앞에 타란툴라(독거미)가 떨어진다면 상당히 불안을 느끼게 되겠지만 길을 걷다가 아빠가 발을 건다면 같은 수준의 불안을 느낄까요? 당신이 어려워하는 주제에서 시험 문제가 나오거나 공부를 하지 않은 데에서 시험 문제가 나온다면 불안해질 것입니다. 그러나 당신에게 쉬운 문제이고 친구랑 오랫동안 공부를 했던 곳에서 시험 문제가 나온다면 똑같은 수준으로 불안할까요? 만약 당신이 이것들에 대하여 자주 극도로 불안하다고 이야기를 한다면 보통 다른 친구들은 중간 정도로 걱정이 된다고 할 것이며 그렇기 때문에 당신의 불안은 과도한 것입니다.

- 불안이 당신의 삶을 붕괴시키거나 방해하고 있나요? 만약 친구를 더 사귀고 싶은데 걱정스러운 마음이 다른 친구들을 부르거나 학교 행사에 가는 걸 막고 있다면 당신의 불안은 과도한 것입니다. 만약 불안이 생겨서 시험을 보는 도중에 문제에 집중하지 못하거나 심지어 공부한 것에 대해서도 생각이 잘 나지 않는다면 당신의 불안

은 과도한 것입니다.

- 불안이 당신을 괴롭게 하나요? 때때로 어떤 청소년들은 매우 불안한 마음을 가지고 있음에도 그럭저럭 헤쳐나가기도 합니다. 그들은 엘리베이터를 탑니다. 공부를 하고 시험을 칩니다. 교실에서 호명이 되면 대답을 합니다. 그러나 이런 일들이 있을 때 그들은 매우 불안하며 불편합니다.

- 당신의 불안의 '기간'은 얼마나 되나요? 얼마나 오랫동안 불안을 느꼈나요? 불안이 진행되고 있는 문제인가요? 오랫동안 불안이 생겼다가 없어졌다가 했다면 불안이 과도한 것입니다. 대부분의 걱정스러운 일들은 왔다가 사라집니다. 어느 날 당신이 엘리베이터를 탔는데 엘리베이터가 갑자기 서 버렸다면 다음 날 엘리베이터를 탈 때 당신은 약간 불안을 느낄 수 있습니다. 그러나 불안은 금방 사라질 것이고 하루이틀이 지난 후엔 무슨 일이 있었는지를 잊어버릴 수도 있어요. 그런데 만약 불안이 심하다면 당신은 그때부터 엘리베이터를 타는 것이 불안하겠죠. 일반적으로 대부분의 불안과 두려움은 6개월 이내에 잊혀지거나 사라집니다. 만약 당신의 불안이 그 이상 길게 간다면 당신의 불안은 과도한 것입니다.

우리는 불안이 조용하고 비겁하다는 것을 알고 있습니다. 불안은 과도한 것이라 해도 당신이 그 방식으로 알기 전까지 오랫동안 남을 수 있어요. 여기에 청소년의 생활에서 몇 가지 전형적인 리스트가 있습니다. 이 부분의 어떤 것이 당신을 걱정스럽게 만드나요?

- **학교생활** : 너무 많은 걱정 때문에 제시간에 과제를 마치지 못하거 나 하려고 자리를 잡는 데에 어려움이 있나요? 당신이 하는 일에 대해 선생님이나 다른 친구들이 어떻게 생각할지에 대해 지나치게 걱정하나요? 시험을 칠 때나 학교에서 큰 행사가 있을 때 큰 불안 을 느끼나요?

- **우정과 이성친구와의 데이트** : 너무 불안하기 때문에 다른 친구들에 게 안녕이라고 인사하는 것을 피하나요? 당신에 대해 친구들이나 다른 사람들이 어떻게 생각할지 걱정이 되어서 '싫다'라고 하는 데 에 어려움이 있나요? 데이트를 하고 싶은데 너무 불안해서 데이트 를 신청하기가 어려운가요?

- **가족생활** : 당신은 하는 일이 잘될 거라고 가족들에게 확신을 달라 고 이야기해 본 적이 있나요? 친구와 가까이 지내는 것이 너무 불 안해서 가족과 함께 보내는 시간이 더 많습니까? 부모가 당신의 두려움에 맞서 새로운 것에 도전하라고 강요하기 때문에 당신과 부모는 자주 언쟁을 벌이나요?

- **체육** : 어떻게 해야 할지에 대해 너무 불안한 나머지 체육시험을 망 쳐버린 적이 있나요? 공을 차거나 쳐내야 할 때 혹시 실수할까 겁 이 나서 망설였던 적이 있나요? 연주회나 시합할 때 너무 불안해 져서 땀이 나거나 토할 것 같은 적이 있었나요?

- **일** : 실수를 했을까 봐 했던 모든 일에 대해 확인하고 또 확인하는 데에 너무 많은 시간을 쏟지는 않나요?

- **건강** : 잠자리에 들거나 충분히 잠을 자는 데에 어려움이 있나요? 끼니를 거르거나 너무 많이 먹지는 않나요? 스스로 자가치료법을

찾나요? 다시 말해 불안 때문에 술을 마시고, 약물을 사용하거나 위험한 성적 행동에 빠져들지는 않나요?

만일 이 영역들 중 4개에서 '그렇다'라고 응답했다면 당신의 불안은 과도하고 무언가를 하는 데에 방해가 되는 수준입니다. 그리고 이것은 당신이 '**불안장애**'에 걸렸다는 것을 의미합니다. 불안장애는 정상에서 벗어나 있고 매일 불안하며 불안이 조금 더 강렬하고 더 길게 남으며 (스트레스를 일으킨 상황이 지나간 후에도 몇 달 동안 끌게 됩니다.) 강렬한 두려움으로 정상적인 상태로 되돌아가는 것을 막습니다.

과도한 불안에 대한 설명

당신만의 과도한 불안을 설명하는 것은 아마 조금은 위협적일 것입니다. 그리고 당신에게 문제가 있다거나 불안장애가 있다고 생각하는 것 또한 무섭게 들릴 것입니다. 그러나 불안장애가 있다고 해서 당신이 나약하거나 이상하다는 얘기는 아닙니다. 당신에게 뭔가 심각하게 나쁜 것이 있다는 의미가 아니에요. 불안장애는 어떤 상황에서 나쁜 방식으로만 작용하는 것이 아니라 당신을 보호하기 위한 정서적인 반응이기도 합니다.

우리는 문제에 대하여 이름을 붙이는 것이 도움을 잘 받아들이게 되는 첫 번째 단계라고 생각합니다. 다음 절에서 우리는 통상적인 불안장애에 대해 이름을 붙이고 설명을 할 것이며, 당신은 이 책을 통해 몇몇 친구들의 사례를 알게 될 겁니다. 정보를 다 읽은 뒤에 조금 더 세밀

하게 불안장애에 대해 공부하고 싶다면 부모나 의사 선생님, 혹은 학교 상담 선생님께 여쭤 보세요. 그분들은 당신의 질문에 대답을 해주거나 당신이 원하는 모든 것을 얻을 수 있는 다른 정보를 가르쳐 주실 수 있습니다. 그러나 불안장애를 가진 당신(혹은 주위 사람)이 도움을 얻을 수 있는 방법을 결정하는 것이 복잡한 과정이라면 가장 좋은 방법은 경험이 많은 정신건강 전문가를 찾아가는 것입니다.

사회불안장애(사회공포증)

사회불안장애(사회공포증)는 청소년에게 가장 일반적인 불안장애입니다. 사회불안은 사회적이거나 수행 상황(운동 경기에 참여하기, 독주회에서 연주하기, 큰 시험을 치르기 등)에서 당황하게 되고 다른 사람에게 부정적인 평가를 받게 되는 상황에서 느끼는 극렬하고 지속적인 두려움입니다. 모든 청소년이 특별한 사회적 상황에서 불안을 경험하고 부정적인 방식으로 다른 사람을 평가하려고 하는 것은 아니지만, 어떤 청소년들은 사회불안 때문에 현격한 스트레스를 받고 일상생활에 참여하지 못하게 되기도 합니다. 사회불안이 있는 청소년은 다른 사람의 생각이나 행동하는 것, 당혹스러운 말이나 굴욕감을 이야기하는 것에 대해 과도하게 걱정합니다. 이러한 친구들은 어떤 실수가 선생님이 그들과 다시는 함께하고 싶지 않아서 그들이나 친구들에게 소리를 치기 때문에 재앙으로 몰아갈 것이라고 느낄 것입니다.

사회불안은 특정적일 수 있고 일반적일 수도 있습니다. 특정한 사회불안은 한 가지의 사회불안을 가지고 있다는 것을 의미합니다. 가장 통상적인 특정한 사회불안은 사람들 앞에서 이야기를 하는 것이지요.

그것은 수업시간에 발표를 해야 될 때나 교실에서 선생님이 질문을 하여 대답해야 할 때 극도로 불안해지는 것을 말합니다. 다른 통상적인 특정 사회불안은 공중 화장실을 사용하는 것이나 시험을 보는 것, 사람들 앞에서 얼굴이 빨개지는 것, 사람들과 밥을 먹는 동안 숨이 막히거나 무언가를 쏟는 것에 대한 두려움 등을 포함합니다. 사회불안의 일반적인 유형은 덜 특정화되어 있고 다른 사람들이 당신을 지켜보고 있거나 나쁘게 평가하고 있는 것처럼 느껴지는 사회적, 집단적 두려운 상황을 포함합니다. 바비의 이야기를 보세요.

저는 평생 동안 부끄러워했는데 중학교에 들어갈 때는 정말 상태가 나빴어요. 학교는 정말 컸고 몇몇 새로 사귄 친구들과 몰려다녔어요. 저는 새 친구들이 저를 머저리나 이상한 애라고 생각할까 봐 너무나 걱정이 되었어요. 친구들이랑 오로지 온라인을 통해서만 이야기를 했어요. 저는 나만의 홈페이지와 나만의 블로그를 만들었는데 얼마가 지나고 친구들이 제 블로그에 올린 글을 읽고 저에 대해 어떻게 생각할지 걱정이 되어서 그만두었어요. 어쨌든 삶이 너무 지루하고 멍청하고 친구들은 저를 루저라고 생각한다고 생각했어요. 1학년을 컴퓨터 선생님을 돕거나 도서관에서 책을 읽는 데 거의 모든 시간을 보냈어요. 학교가 싫어지기 시작했고 학교에 가지 않기 위해 아픈 척 연기를 하기도 했어요. 지금 저는 제가 가지고 있는 불안장애를 이야기해 주실 심리사 선생님을 만나고 있어요. 저는 나아지기 위해 노력하고 있고 다른 친구들이 저에 대해 어떻게 생각할지 걱정을 덜 하고 있다는 것을 이야기할 수 있어요. 친구들이 저를 좋아해 주었으면 좋겠지만 친구들이 그렇게 해주지 않는다고 해도 세상이 끝나지 않을 거라는 걸 배우고 있어요. — 바비, 15세

범불안장애

범불안장애(GAD)는 다양한 사건과 활동에 대해 거의 하루종일 나타나고 잘 사라지지 않는 과도한 불안과 걱정입니다. 과도하게 들끓어 오르는 불안한 마음 같은 것이죠. 범불안장애가 있는 청소년들은 다른 친구들도 가지고 있는 걱정(학교생활, 우정, 세계의 사건사고)에 대해 너무 많이 걱정하고 그렇기 때문에 다른 친구들에 비해 더 격렬하고 더 극단적이에요. 범불안장애를 가진 청소년은 대부분의 하루 동안 긴장과 '짜증'을 느끼고 부적절하다거나 심지어 잠을 자고 있을 때도 문제가 있다고 느낍니다. 클레이의 범불안장애에 대한 다음의 이야기를 읽어보세요.

> 저는 한 번 걱정하기 시작하면 걱정을 내려놓지 못하는 것처럼 보여요. 의사 선생님은 그것을 범불안장애라고 부르셨어요. 우리는 범불안장애가 항상 제 마음을 부채질하기 때문에 '잔소리꾼'이라고 농담식으로 불러요. 잔소리꾼은 불난 집에 부채질하는 격이에요. 그건 정말 성가시죠. 불안은 제가 기억할 수 있는 모든 시간 동안 제 삶 속에 있었기 때문에 "그게 언제부터 시작되었지?"라고 물으면 대답할 수가 없어요. 제가 아는 건 6학년 때부터 저를 괴롭히기 시작했다는 거예요. 학교에서 하는 활동과 모든 것들이 갑자기 너무 어려워졌거든요. 선생님들은 저에게 너무 걱정할 필요가 없다고 말씀해 주셨어요. 제 성적은 좋았고 저는 열심히 하는 사람이었으니까요. 그러나 여전히 걱정이 되었어요. 수많은 밤 늦게 일어나 저는 혹시 실수하지 않았나 숙제를 살펴보고 또 살펴보았어요. 저는 제가 했던 모든 것에 대해 걱정이 되고 불안한 마음이 한껏 올라가기 때문에 거의 매일 밤 잠을 잘 수가 없었어요. 어느 날은 겨우 한 시간 정도 잘 수가 있었죠. 저는 망쳐버릴까 봐 고등학교 농구팀에 참여하

는 것을 걱정하고 있다는 걸 스스로 깨닫기 전에는 제가 너무 많이 걱정하고
있다고 생각하지 않았어요. ─클레이, 17세

강박장애

강박장애(OCD)는 또 다른 종류의 불안장애입니다. 강박장애는 극단적
이고 비합리적인 강박과 충동 혹은 시간을 허비하게 하는 현저한 스트
레스나 한 사람의 일상적인 기능을 방해하는 그 둘 모두를 포함합니
다. 강박은 생각, 사고, 심상이며 충동은 개인의 마음에서 갑자기 '팟'
하고 튀어나오는 것으로 사람이 불안하거나 불편하게 느끼는 원인이
됩니다. 강박장애를 가지고 있는 사람은 이런 생각과 사고들이 다른
감각을 느끼지 못하게 하거나 그에 대해 생각할 시도도 하지 않는다는
걸 알고 있지만 시간마다, 날마다, 매주, 매달 생각이 튀어 오릅니다.
떨쳐지지 않는 끈질긴 이유 때문에 이런 상황들은 계속 튀어 오르고
강박장애를 가진 청소년들은 그 생각을 없애기 위해 혹은 일어날 수
있는 나쁜 일을 예방하기 위해 강제적으로 무언가를 합니다. 강박장애
청소년은 방을 치우거나 정리하는 데에 많은 시간을 소비합니다. 또
다른 친구는 학교에 가기 전에 15~20번가량 책가방을 체크할 것입니
다. 이 친구는 글자가 잘 써졌는지 확인을 하고 확실하게 줄이 잘 맞춰
져서 써졌는지 확인하려고 하며 지우고 다시 쓰는 경우가 많아요. 강
박장애 청소년은 이런 종류의 일을 하는 데에 너무나 많은 시간을 허
비하고 있고 필사적으로 멈추려 하지만 그럴 수 없어요. 중학교 3학년
인 민이 어떻게 슬며시 강박장애가 시작되었는지 봅시다. 민이 그것을
알아차리기 이전에 이 과잉청결이 덫에 걸린 민을 괴롭혔습니다.

저는 배구를 정말 좋아하는데 작년에 아플 것이 걱정되어서 배구를 그만두었어요. 다른 친구가 맞았던 공에 맞는다는 생각이 싫어요. 이 이야기가 이상하다는 걸 알지만 저는 무서운 병에 걸릴까 봐 무척 걱정이 돼요. 어떤 병인지는 말할 수가 없어요! 저는 세균에 대해 항상 무서워하고 있거든요. 우리 엄마는 간호사인데 처음에는 엄마 때문에 아프게 될지 모른다는 걱정으로 시작되었어요. 엄마는 항상 저에게 손을 씻으라고 말했고 감기에 걸릴 때나 콧물이 나면 입을 가리도록 하셨어요. 지금 저는 그 이유가 엄마가 아니란 걸 알아요. 저는 강박장애를 가지고 있어요. 강박장애에 대한 도움을 받기 전에는 하루에 네다섯 번 샤워를 하곤 했어요. 제 친구들은 저에게 왜 항상 손이 빨갛고 터 있는지 물어보고 왜 제가 친구들과 더 이상 점심을 먹으러 함께 가지 않는지 궁금해해요. 친구들은 제가 끔찍한 병에 걸렸다는 걸 몰라요. 그건 친구들에게 이해될 수가 없을 거예요. 나조차도 그 전부를 이해할 수 없으니까요. ─민, 16세

공황장애와 광장공포증

공황장애는 반복적이고 예기치 않은 공황발작을 포함하고 있습니다. 공황발작은 숨이 짧아지고 가빠지며 땀이 나고 가슴통증, 심장이 두근거리며 강렬한 기분이 느껴져서 미쳐버리거나 내가 통제할 수 없어질지 모른다고 생각하게 되는 매우 극심한 신체적 감각입니다. 공황장애를 가진 청소년은 다시 공황발작이 나타날까 봐 걱정하고 또 걱정하며 이런 무서운 감각을 느끼게 됩니다. 첫 번째 공황발작이 일어나고 여러 차례에 걸쳐 ─ 일주일에 세 번 이상 ─ 도움을 받을 수 있는 것을 찾기 전까지 계속 일어납니다.

공황장애를 가지고 있는 대부분의 청소년들은 공황발작이 생기면

곧바로 빠져나올 수 없거나 필요로 하는 도움을 받을 수 없을 것이라 믿기 때문에 특정한 상황을 피하게 됩니다. 우리는 이렇게 특정한 장소나 상황을 피하는 패턴을 **광장공포증**이라고 부르는데 대부분의 공황장애 청소년들이 정도는 다르지만 이 패턴을 경험하고 있습니다. 피하고자 하는 특정한 장소나 상황은 대부분 사람이 많이 모여 있는 장소(쇼핑몰, 영화관), 폐쇄된 장소(터널, 지하철, 비행기), 대중교통(기차, 버스, 비행기)이나 집에 혼자 있을 때, 가족이나 친구 없이 집에서 멀리 떨어져 있을 때입니다. 다시의 이야기를 보도록 해요. 다시는 완전히 은둔자가 되어 학교 생활의 분주함이나 재미로부터 도망쳐 왔습니다.

우리 심리사 선생님은 저에게 공황장애는 두려움을 걱정하고 단지 그걸 가장하고 있는 것이라고 했어요. 제가 처음으로 공황발작을 일으켰을 때, 전 질식하거나 죽어가고 있다고 생각했어요. 정말로 그랬어요. 의사 선생님은 제가 괜찮고 단지 공황발작을 일으킨 것 뿐이라고 이야기해 주셨지만 저는 여전히 걱정이 되었어요. 저는 죽지 않았지만 정말로 죽을 것 같이 느꼈고 제가 미치고 있다는 확신이 들었으며 소리를 지르고 땅을 구르는 것 같은 당혹스러운 짓을 할 것 같은 생각이 들었어요. 처음엔 당연히 스스로를 통제하는 방향으로 강하게 나가려고 노력했어요. 그러나 불안을 통제하고 점점 더 불안해지는 나를 통제하는 것을 배웠죠. 저는 제가 공황발작이 생길까 봐 걱정이 되어 친구들과 외출하는 것을 꺼리기 시작했을 때 약간의 도움이 필요하다는 것을 알고 있었어요. 저는 공황발작이 일어나서 집으로 돌아올 수 없을 것이 걱정되어 대학교에 방문해 보는 것을 하고 싶지 않았어요. 그러나 그것은 제가 두려웠기 때문에 수의과대학교에 간다고 생각할 때조차도 제가 도움을 필요로 한다는 것을 의미했어요. 그런 거예요. 저는 제가 약간의 도움이 필요하다는 것을 알고 있어요. ―다시, 17세

특정공포증

특정공포증은 강력한 두려움이며 특정한 대상이나 상황을 피하려고 합니다. 사람들은 자신에게 매우 공포스러운 어떤 일(개가 사람을 무는 것)이 일어날 때나 무언가에 사람들(친구나 부모)이 반복적으로 두려워하는 것을 목격할 때 특정공포증을 발달시킵니다. 덧붙여 말하자면 공포증을 가진 사람들은 때때로 정상적인 어린 시절의 두려움을 가지고 있으며 그다지 달라지지 않습니다.

특정공포증을 가진 대부분의 청소년들은 그들의 정상적인 일상, 학교 출석, 우정 등에 별로 방해가 되지 않기 때문에 도움을 요청하지 않습니다. 특정공포증의 종류는 여러 가지 상황이 많이 있는 만큼 매우 다양합니다. 가장 일반적인 특정공포증의 종류는 다음과 같습니다.

- 동물공포증(뱀, 박쥐, 거미, 벌)
- 고소공포증(건물의 높은 층, 산꼭대기, 다리)
- 비행기공포증(비행기 충돌, 객실 내 감압, 테러리스트의 공격)
- 의사와 치과의사에 대한 공포증(병원과 치과병원에서의 치료과정)
- 천둥번개에 대한 공포증
- 피나 고통에 대한 공포증
- 질병이나 질환에 대한 공포증

거미에 대한 공포를 가지고 있는 엘리의 이야기를 살펴볼까요?

저는 언제나, 그러니까 '언제나' 거미에 대해 죽을 것 같은 두려움이 있어요. 우리 엄마도 저처럼 거미에 대해 공포를 가지고 계시죠. 그건 별로 대수롭지 않게 보이기도 해요. 물론 저는 짧은 옷은 입어 본 적이 없고 늘 두꺼운 이불을 덮고 잠을 자요. 이 모든 이유는 제가 두려워하는 거미가 저에게 기어오를 것 같기 때문이지 별 다른 이유는 없어요. 저는 그렇게 하는 게 좋아요. 대신 무언가를 옷장에서 꺼내야 할 때나 침대 밑을 청소해야 하기 때문에 때때로 가족을 괴롭혀요. 당신은 절대로 모르겠지만 거미가 거기에 있을 것 같기 때문에 가족들을 그렇게 만들어요. 그것은 저와 가족들을 괴롭히고 저는 여름 동안 절대로 휴가를 가고 싶지 않게 하고 우리가 가는 그 어떤 곳이라도 거미가 좀 덜 발견될 확률이 있는 겨울에만 가고 싶어요. 올 여름에 남미로 여행을 가는 것을 알기 전까지는 괜찮았어요. 많은 친구들이 남미에 갔어요. 저도 가고 싶었지만 이 두려움 때문에 여행을 갈 수 없었고 정말 큰 재미를 놓쳤어요. 이 사건은 저를 방해하기 시작한 일이에요. — 엘리, 14세

요약

이상과 같은 증상을 불안이든 불안장애든 어떻게 부르든 간에 이 책의 목표는 당신의 불안한 마음과 몸을 편안히 진정시키는 것을 배우도록 도와주는 것입니다. 이 목표는 당신의 모든 불안과 두려움을 없애는 것이 아닙니다. 오로지 우리는 당신에게 붙어 있는 걱정을 줄일 수 있게 돕고 싶습니다. 바꿔 말해 우리는 돌고 있는 당신의 걱정의 수레바퀴에 대한 불필요한 불안을 없앨 수 있도록 돕기를 바랍니다. 이 책을 통해 당신의 방식대로 작업을 하면 당신의 걱정의 수레바퀴의 각 부분

에 도움이 되는 방식들을 우리가 제공하고 있다는 것을 볼 수 있을 겁니다. 당신은 불안한 몸을 진정시키는 데 이용할 수 있는 법이 있는 제3장(호흡과 이완)에서 숨 쉬는 법, 이완법과 심상화 방식을 배우게 될 것입니다. 제4장(스마트하게 생각하기)에서는 당신의 불안한 마음을 진정시키고 제5장(한 번에 한 단계씩 두려움에 직면하기)에서는 어떻게 걱정의 수레바퀴에서 불안행동을 천천히 변화시켜서 빠져나오는지에 대한 법을 배웁니다. 덧붙여 제6장(공황발작이라는 먹구름 위에 떠 있기)에서는 통제할 수 있는 범위를 넘어선 걱정의 수레바퀴가 돌면 무엇을 해야 하는지, 공황발작이 오면 무엇을 해야 하는지 공부하게 됩니다.

2

누구에게 어떻게 도움을 요청하면 되나요

주변에 있는 사람 중 몇 사람은 다른 사람을 도와주는 전문가들입니다. 당신은 친구들이 갈등을 해결할 수 있도록 돕고, 부모의 가사일을 돕고, 자전거 타기나 홈런을 치는 타법 등을 남동생이나 여동생에게 가르쳐 줍니다. 심지어 남들을 돕는 전문가들이 남들에게 도와달라고 부탁하는 것처럼 이따금 당신은 도움을 요청하기도 합니다. 여러분은 선생님께 가르쳐달라고 요구합니다. 부모님께는 운전하는 것을 도와달라고 요청합니다. 화가 났을 때는 친구들에게 들어달라고 요구하기도 하죠. 그렇지만 우리는 때로는 도움을 주는 것이 요청하는 것보다 더 쉽다는 것을 알고 있습니다. 불안과 공황을 처리하는 것은 요즘 시대에는 흔한 일입니다.

앞 장에서 우리는 당신이 언제 도움을 요청하는 것이 필요한지를 이야기했습니다. 여기서 우리는 당신이 누구에게 어떻게 도움을 요청하고 어떻게 결정하면 되는지를 이해할 수 있도록 도울 것입니다. 첫째, 우리는 청소년이 왜 자신의 불안과 공황에 대해 도움받기를 거부하는 지에 대한 일반적인 이유를 기술하려고 합니다. 그리고 도움을 받는 것에 대한 플러스 요인뿐 아니라 하나의 중요한 마이너스 요인도 논의 합니다. 덧붙여, 우리는 도움을 줄 수 있는 심리사 선생님을 찾을 수 있 는 방법을 포함하여 어떻게 당신이 자신의 마음을 진정시키게끔 도움 을 주는 지원 팀을 만들 수 있는지 기술할 것입니다. 마지막으로 우리 는 심리치료와 이런 종류의 도움이 그들에게 받아들여지도록 결정할 수 있는지에 대해 대부분의 청소년들이 질문하는 것에 대해 대답을 할 것입니다.

도움을 거부하다 : 여섯 가지 일반적인 이유

당신에게 불안한 마음을 진정시키도록 도움을 받는 것에 대해 관심이 없는 이유들이 있을 거예요. 당신은 자신의 불안이 나쁘지 않다고 생 각하거나 그렇다 하더라도 괜찮다고 생각할 거예요. 많은 청소년들은 도움을 받는 것에 어려움을 느낍니다. 많은 청소년들이 아래와 같이 생각할 수 있어요.

- 그렇게 나쁜 것은 아니야.
- 오늘은 그렇게 나쁘지 않아.
- 내가 이렇다 해도 괜찮아.
- 인정하는 것은 정말 당황스러워.

- 요점이 뭐야.
- 사람들을 귀찮게 하고 싶지 않아.

그래서 당신이 우리의 제안을 완전히 거절하기 이전에 청소년들이 왜 도움을 받고 싶어 하지 않는지와 당신이 이것들에 대해 어떻게 다르게 생각하는지에 대한 일반적인 몇 가지 이유에 대해 이야기를 해봅시다.

그렇게 나쁜 것은 아니야 때때로 청소년들은 문제가 있다는 것을 부정하거나 불안한 자신들의 마음을 차분히 진정시키는 것이 아주 어렵다는 사실을 축소하려고 합니다. 그들은 가족 중 다른 사람들이나 친구들과 자기 스스로를 비교하여 누가 굉장히 불안해하는지를 알고 '그 사람보다는 내가 덜 불안해.'라고 생각하곤 합니다. 이러한 방식으로 자신을 비교하는 것은 자신 정도의 불안은 치료받을 만큼은 아니라고 믿기 때문에 본인에게 문제가 있다는 것을 인정하기 어렵게 만들어요. 이것은 진실이 아닙니다. 다른 청소년들은 불안에 다른 방식으로 반응합니다. 사실 당신은 가족이나 친구보다 더 잘 대처할 수 있습니다. 만약 당신이 고통을 받고 있다면 다른 사람에게 도움을 요청할 만큼 충분한 이유가 됩니다. 다른 사람에게 도움을 받는 것에 대해 어려움이 있는 청소년들의 또 다른 이유는 그들이 모든 방법에서 완벽히 보이곤 한다는 것입니다. 그들은 인기가 있습니다. 그들은 어떤 팀에 소속되어 있죠. 그들은 자신이 노력하는 거의 모든 것에서 성공을 거두고 있습니다. 부모, 친구, 선생님들은 그들이 완벽하거나 최고라고 생각하지요. 그들의 마음속에 완벽한 청소년들은 문제가 없습니다. 청소년들을 이렇게 생각할 거예요. "아무 문제 없어. 도움을 요청할 이유가 없어." (확실한 것은 삶의 많은 부분에서 여러분이 잘 해 나가고 있다는 것이 당신이 지금이나 나중에 어떤 도움으로부터 이득을 얻을 수 있다는 것을 의미하는 것은 아니에요.) 하지만 누구도 완벽하지 않고 당신 스스로에 대해 기대하는 것이 실제로는 당신의 스트레스와 불안을 가중시킬 수 있습니다.

오늘은 그렇게 나쁘지 않아 때때로 청소년은 불안을 느끼고 또 할 수 없다고(혹은 적어도 한 주 전에 느꼈던 불안만큼) 느낍니다. 불안은 오르락내리락 변화하며 이런 잦은 자연스러운 오르내림은 청소년들이 자신들의 불안이 문제가 되는지 아닌지를 판단하는 것을 어렵게 만듭니다. 이것은 특히 청소년들이 불안을 느끼지 않고 생활이 편안할 때 확실합니다. 그리고 그들은 모든 것이 괜찮다고 생각하죠. "왜 내가 도움을 받아야 하지? 나는 불안하지 않아!" 당신의 불안이 오르내린다고 해서 당신에게 불안이 문제가 아니라는 것을 의미하지는 않습니다. 그 대신 불안이 하루씩이 아니라 몇 달이나 몇 년 동안 오르락내리락했었는지를 생각해 보세요. 전형적으로 불안과 두려움은 6개월 이내에 줄어들거나 사라집니다. 만약 당신의 걱정이 그 이상 지속되었다면 당신의 불안은 과도하고 그렇기 때문에 문제가 됩니다.

내가 이렇다 해도 괜찮아 어떤 청소년들은 청소년이 느끼는 걱정의 정도를 정상이거나 받아들일 수 있을 정도라고 생각하는 부모가 계시고 그분들도 이렇게 말씀하십니다." 너는 있는 그대로 괜찮아. " 이것은 많은 이유 때문에 일어날 수 있습니다. 어떤 부모는 그분들 자신이 불안하고 대부분의 시간 동안 불안한 것이 괜찮거나 어떤 상황을 피할 수 있다면 안전하게 지낼 수 있다고 생각하십니다. 부모가 자신이 느끼는 것과 같은 방식으로 느끼고 행동하는 아이를 볼 때 부모는 이것이 정상적이라고 여길 뿐 아이에게 문제가 있다는 것을 깨닫지 못합니다.

또 다른 부모는 자신의 아이에게 뭔가 문제가 있다고 이야기하는 것에 확신이 들지 않습니다. 부모는 만약 아이에게 문제가 있는 것 같다고 이야기하면 아이가 화를 낼 것이라고 믿고 계십니다. 이런 부모는 아이의 불안이 정상적이고 '눈에서 멀어지면 마음에서 멀어진다.'는 개념을 조정하는 경향이 있습니다. 게다가 부모들은 행동에 대하여 참작해 주는 것이나 아이의 걱정을 줄여주는 어떤 일을 하는 것으로 딸을 보호하려고 노력합니다. 예컨대 부모는 딸을 학교에 데려다 주고 딸이 대중교통을 타지 않도록 해주고, 가사일을 못하게 하면서 더러움이나 세균에 노출되지 않게 하거나 거처를 마련해 줌으로써 딸이 느끼는 두려운 상황에 직면하지 않도록 해줍니다.

마지막으로 외동을 두신 부모도 계십니다. 아이 한 명을 둔 부모는 비교할 대상이 없는 것이지요. 형제를 키운 부모들의 경우 그분들은 문제를 쉽게 파악할 수 있습니다. 다른 자식들을 통해 이미 같은 문제를 경험해 보았거나 비슷한 상황을 겪어 보았기 때문이죠. 그렇지만 다른 아이들과 같다는 것은 아닙니다. 부모가 청소년기의 자식들에게 "너는 있는 그대로도 좋다."라고 이야기하는 데에는 많은 이유가 있습니다. 불행히도 그것은 그 아이가 문제가 있다는 것을 깨닫는 데에 많은 문제를 남기기도 합니다.

인정하는 것은 정말 당황스러워 누구나 자신의 문제를 인정하는 것은 쉽지 않습니다. 어떤 청소년에게는 불안과 관련하여 문제가 있다는 사실을 인정하기까지 너무나 수치스럽고 당황스러울 수 있습니다. 청소년은 친구가 많은 사람을 보거나, 좋은 성적을 받은 사람, 멋지게 살아가는 친구와 자신을 비교해서 결핍이나 비정상을 느낄 수도 있습니다. 이는 걱정이 많은 청소년이 자신의 삶에 문제가 있고 대단하지 않은 일이라고 넘겨 버리지 못하게 할 수도 있습니다. 또한 걱정 때문에 자신이 한 일이나 하지 못한 일에 대하여 당황스러워할 수도 있습니다. 아마 그는 확인을 위하여 부모님께 하루에도 몇 번이나 전화를 해야 할지도 모르고, 학교나 공공 화장실을 사용하지 못할 수도 있어요. 친구들에게 들키지 않으려고 감추기 위해 노력을 합니다. 그러나 만약 들키게 된다면 스스로를 '괴짜'라고 부르며 가볍게 여기고 혹은 재미있고 우스꽝스럽게 행동함으로써 자신을 수줍고 그저 특이한 것으로 보이려고 합니다.

요점이 뭐야 어떤 청소년은 자신도 믿을 수 없을 만큼 오랜 시간 스스로를 돕지 못한 채 불안을 느껴왔을 수 있습니다. 아마도 과거에 그 청소년의 부모는 몇 번이고 친구와 집에서 자도 된다고 하셨겠지만 그때마다 거절을 했을 것입니다. 노력을 하고 노력을 하라는 조언은 그들을 좌절시키고 그다지 효과적이지 않습니다. 시간이 지나면서 포기를 했겠지요. 또 다른 경우그들은 자신의 인생에서 성공할 수 있는 기회가 없을 것이라는 수많은 걱정과 두려움을 믿고 있기도 합니다. 혹은 두려움을 정복한 후에도 더 많은 덫이 있기 때문에 좋지 않다고 생각합니다. 이런 태도는 청소년을 정말로 힘들게 만듭니다. 그러나 과거의 이런 생각들은 청소년 스스로가 극복하기에 괜찮은 방법을 몰랐거나 좋은 방향으로의 작은 발걸음, 성공과 같은 것이 그다지 많은 의미가 있지 않다고 믿었기 때문에 크게 영향을 미치지는 않았을 것입니다.

사람들을 귀찮게 하고 싶지 않아   불안을 느끼는 어떤 청소년들은 자신의 불안에 대처하기 위하여 친구들이나 부모에게 너무 의지하고 있다고 생각합니다. 그러나 사실 이런 청소년은 친구나 부모에게 충분히 기대고 있지 않아요! 그들은 다른 사람들에게 도와달라고 하는 것을 망설이고 있지요. 왜냐하면 거절당할까 봐 걱정이 되고 도와달라고 요청하는 것이 그들에게 짜증이 나고 화나게 하는 일이 될까 봐 염려하기 때문입니다. 다른 사람들을 괴롭히고 싶지 않은 청소년들은 친구나 부모에게 도와달라고 이야기하는 것이 자신의 짐을 남에게 지운다고 생각하거나 그 사람들을 완전히 지치게 할 만큼 자신의 걱정이 심각한 것이라고 생각을 합니다. 그러나 대부분의 부모와 친구들은 당신이 도와달라고 부탁할 때 불안을 조절하는 것을 배워서 도움을 주는 것을 긍정적으로 생각할 것입니다. 이러한 도움을 주는 부모와 친구들은 청소년이 불안한 마음을 진정시키는 데 도움이 될 것이며 그의 불안 때문에 할 수 없었던 많은 일을 할 수 있도록 할 것입니다.

　다른 경우 청소년은 도와달라고 말하는 것을 도움을 요구하는 것과 헷갈려 하고 도움이 필요한 사람처럼 보이는 것을 거부합니다. 다시 한 번 이런 일은 거의 일어나지 않는다는 것을 이야기하겠습니다. 사실 원하지 않는데 고의가 아님에도 불구하고 도움이 필요한 것처럼 보일 수도 있습니다. 그러나 도움을 요청한다는 것은 용기 있는 행동이기도 합니다.

비록 도움을 받아들이는 것이 어렵다 하더라도 괜찮습니다. 모두가 시간이 지나면서 도움을 요청하기도 하니까요. 연주자는 엑스트라 리허설을 요구하기도 하고 워밍업을 위해 다른 연주자가 앉아 있기를 원하기도 합니다. 그리고 연주를 시작하기 전이나 음반을 녹음하기 전에 어떤 지지를 바라기도 하지요. 배우도 영화나 드라마에서 새로운 역할을 연기해야 할 때 그것을 준비하기 위하여 코치를 받고 싶어 합니다. 프로 농구선수도 점프슛을 날리기 위하여 팀 동료에게 도움을 요청합니다. 도와달라고 다른 사람에게 이야기하는 것은 당신이 이상하게 보이는 것이 아닙니다. 당신이 도움을 요청할 수 있다고 생각했으면 좋겠습니다. (아니면 최소한 가능한 일이라고 생각을 했으면 좋겠네요.)

도움 받기 : 플러스와 마이너스

인생에서 일어나는 많은 것들과 다름 없이 도움을 요청하고 받는 것에도 플러스와 마이너스가 존재합니다. 불안한 마음을 진정시키기 위하여 도움을 받았을 때의 첫 번째 플러스는 혼자 있지 않다고 느끼는 것입니다. 예를 들어 어떤 청소년은 "난 혼자 당황스러워질 것이다."라거나 "또 다시 공황이 생길까 봐 걱정이 된다."라고 생각하기 때문에 사회적 기회를 갖지 않는 것입니다. 다른 청소년은 심각하게 성적, 집에 있는 것, 공부하는 것 등을 온종일 걱정하고 있기도 합니다. 이런 청소년은 친구와 즐거운 시간을 보낼 수 없고 정말 나쁜 점은 불안한 마음과 홀로 싸우며 고독 속에 살아간다는 것입니다.

당신에게 문제가 조금 있다는 것을 곁에 있는 사람에게 알려서 얻는 두 번째 플러스는 불안한 마음을 진정시킬 수 있도록 계획을 만들어 나가는 첫 번째 단계라는 것입니다. 부모, 심리사 선생님, 선생님, 친구들은 당신이 목표를 세우고 연습을 하는 것을 도울 수 있으며 불안한 마음을 진정시키는 당신의 노력을 칭찬해 줄 것입니다.

도움을 받아들였을 때 얻을 수 있는 마지막 플러스는 이 책을 통해 추가적인 도움을 받아 여러 가지 방식을 배우고 연습을 하는 것입니다. 때때로 당신은 이러한 방법을 사용하는 것을 생각하지 못할 수도 있습니다. 그러나 스트레스를 받는 상황에서 당신의 친구나 가족이 당신에게 숨을 편안히 쉬는 것을 알려주거나 다르게 생각하는 것을 다시 한 번 이야기해 준다면 달라질 수 있습니다. 두려움에 직면하는 것과 같은 어떤 방법은 조금 연습하기 어려울 수도 있지만 당신을 지지해 주는 사람은 도움을 줄 수 있습니다.

이 책의 후반부를 보면 당신의 마음을 진정시키고 유지하는 데에 팀과 계획이 핵심적입니다.

물론 다른 사람에게 당신의 불안에 대하여 이야기하는 데 플러스가 있지만 중요한 마이너스가 있는 것도 사실입니다. 일단 당신이 불안한 마음에 대하여 이야기를 하면 사람들은 그에 대한 정보를 얻게 됩니다. 이런 상황에서 친구들, 선생님들 혹은 부모까지도 이 이야기를 당신이 불안하다고 이야기한다고 오해를 할 수 있습니다. 친구들은 어떤 특정한 활동에 끼워주지 않을 수도 있고 친구들과 노는 데에 부르지 않을 수도 있습니다. 왜냐하면 이런 일들이 당신에게 스트레스를 주고 당신을 더 힘들게 한다고 생각하기 때문입니다. 선생님들은 당신이 불안하다고 핑계를 대면서 학교활동에서 빠지려고 한다고 생각할 수도 있습니다. 부모는 과잉반응을 할 수도 있고 당신이 무언가를 하기에 너무 약하다고 생각할 수 있으며 당신이 상황을 실제보다 더 나쁘게 보고 있다고 단순하게 생각할 수도 있습니다. 이런 반응들은 도움이 되지 않으며 당신 스스로에 대하여 더 나쁘게 생각하게 만들 수 있습니다.

다른 사람에게 당신의 불안에 대하여 말하는 것에 대한 플러스와 마이너스를 생각할 때, 우리는 당신이 다른 사람에게 이 이야기를 하기 전에 그 사람이 이 정보를 어떻게 다룰 것이며 잘못 이해했을 때 당신은 빠르게 바로잡을 준비가 되었는지 신중하게 생각했으면 좋겠습니다. 여전히 어떤 사람들은 당신이 무슨 생각을 하든, 불안을 가지고 있다는 것에 대해 오해를 할 수 있습니다. 아마 이런 사람들은 당신을 돕는 데 적당한 사람이 아닐 것입니다. 만약 이런 일이 벌어진다면 도움을 줄 수 있는 다른 사람을 찾기를 권합니다. 만약 심리치료를 받고 있다면 당신의 심리사 선생님은 당신을 위하여 도움을 줄 수 있고 이런 중요한 정보를 공유하는 데 가장 좋은 사람이 누구인지 추천을 해줄 수도 있습니다.

나를 지원해 주는 팀 만들기

일단 당신이 누군가에게 도움을 요청하기로 마음을 먹었다면 당신은 걱정스러운 마음을 달랠 수 있도록 함께 작업할 팀원을 선택하고 싶을 것입니다. 당신을 지지해 줄 수 있는 사람과 잘 훈련받은 정신건강전문가 양쪽을 고려하세요. 지지해 줄 수 있는 사람은 당신이 팀원으로 정신건강전문가를 포함시킬 수 있도록 돕고 이 책에서 배우고 훈련받을 수 있도록 도와줍니다. 지지해 주는 사람은 곁에서 응원을 하는 치어리더처럼 생각해 볼 수 있습니다. 특히 치어리더가 힘을 발휘할 때는 당신이 자신의 계획을 다음 단계로 넘어가려는 마음에 갈등이 생기거나 어려움이 생길 때입니다. 많은 청소년이 부모나 학교 상담 선생님처럼 원래 알고 있고 믿을 수 있는 사람을 지지하는 사람으로 선택합니다.

정신건강전문가는 당신의 팀에서 중요한 역할을 하는 팀원입니다. 전문가들은 이미 이 책에서 소개하는 다양한 방법들을 알고 있으며 이상적으로 다른 청소년을 가르치고 훈련시켜 본 경험으로 도움을 줄 수 있습니다. 정신건강전문가는 상담사 선생님일 수도 있고, 심리학자, 정신건강의학과 의사, 개인병원이나 종합병원, 개인 센터 등에 있는 사람들입니다. 이런 전문가들은 단순히 옆에서 방향만 코칭하는 사람이 아니라 당신에게 전략과 방법들을 가르쳐 주는 것으로 당신의 불안과 공황을 한 단계씩 헤쳐나갈 수 있도록 계획을 키워가는 데 도움을 줄 것입니다.

지지적인 사람 찾기

비록 완벽히 지지적인 사람을 찾을 수 없다 하더라도 당신을 돌봐 줄 수 있는 사람을 고르세요. 당신의 안녕이 가장 중요한 포인트입니다. 많은 청소년이 전형적으로 부모, 가족, 선생님, 학교 상담사 선생님, 목사님, 랍비, 신부님과 같은 어른을 지지적인 사람으로 찾습니다. 그러나 비슷한 입장에서 도움을 줄 수 있는 성숙하고 믿을 수 있는 형제자매, 친구, 남자친구, 여자친구를 지지해 줄 수 있는 사람으로 결정하는 것도 괜찮습니다. 당신이 보험회사에 전화를 하거나 첫 번째 심리치료 약속을 정할 때와 같이 어른의 도움이 필요하다면 부모와 같은 엑스트라 지지자를 만들어도 괜찮습니다. 아래의 목록은 누가 당신을 도와줄 준비가 되었는지를 알 수 있도록 도와주는 것입니다. 누가 나를 지지해 줄 수 있는 사람인지를 스스로에게 물어보세요!

- 내가 지지를 필요로 할 때 이 메일이나 전화로 나를 도와줄 수 있는 사람인가?
- 나의 고민이 사소해 보일지라도 내가 하는 이야기를 잘 들어줄 수 있는 사람인가?
- 내 상황을 잘 알고 내가 안심이 될 때까지 비밀을 잘 지켜줄 수 있는 사람인가?
- 예의와 존중의 마음을 가지고 나를 대해 주며 불안이 내 전부가 아니라 나의 일부일 뿐이라는 것을 봐줄 사람인가?
- 내가 정신건강전문가나 지지집단에서 도움을 얻고자 할 때 나를 흔쾌히 도와줄 수 있는 사람인가?

이런 목록을 읽은 뒤 누가 지지하는 사람으로 좋을지 생각해 볼 수 있겠어요? 일단 지지해 줄 사람을 찾았다라고 한다면 다음 단계는 그 사람에게 어떻게 이야기를 하고 무엇을 이야기할지 생각하는 것입니다. 얼굴을 보고 이야기할 시간을 만드는 걸로 시작을 합니다. 전화나 이메일로 이야기하는 것도 생각해 볼 만한 방법입니다. 다음으로 당신의 비밀 이야기라는 것을 확실히 전달하고 30분 동안 당신에 대한 모든 이야기를 솔직히 털어놓고 이야기를 나누기로 결심합니다. 마지막으로 당신이 자신의 걱정에 대해 어떤 말을 하고 싶은지 대략적인 구상을 합니다. 당신은 아래와 같은 것들을 원할 거예요.

- 당신이 느끼는 걱정의 문제점에 대하여 이야기하기
- 그 문제가 어떻게 생겨났는지 이야기하기
- 당신을 도와주기 위한 그 사람의 배려 얻기

나는 불안해 처음 당신은 주제에 대하여 이야기를 할 것입니다. 당신이 나누고 싶은 주제 중 중요하고 개인적인 문제를 늘어놓습니다. 이 이야기가 개인적이라는 것을 명확히 하고, 지지해 주는 사람이 조언을 하든 해주지 못하든 그 사람에게 이야기하세요. 지지해 주는 사람에게 당신이 극심한 불안과 싸우고 있다는 것을 알려주세요.

내가 느끼는 불안은 이제 문제가 되어 버렸어 다음 당신은 어떻게 당신의 불안이 문제가 되어 버렸는지에 대하여 설명을 하고자 할 것입니다. 당신이 어떻게 느끼고 있는지 그리고 불안이 삶에 어떤 영향을 미치는지 이야기해 주세요. 예를 들어 만약 당신이 무언가 하던 걸 멈추거나 가던 길을 멈춰 선다면 그것은 당신의 불안 때문입니다. 지지해 주고자 하는 사람에게 이것을 이야기하세요. 당신의 성적이 떨어졌나요? 친구들이 당신더러 걱정을 너무 많이 하고 있다고 이야기하나요? 이것이 당신의 수면이나 식욕에 영향을 미치나요? 마지막으로 지지해 주는 사람에게 불안이 얼마나 오래 지속되고, 어떤 일이 일어나든 일어나지 않든 이 불안을 조절하기 위하여 당신은 어떤 방식을 이용하는지에 대하여 이야기해 주세요.

네가 나를 지지해 주는 사람이 되어 줄 수 있을까 대화의 끝부분에서 당신에게 도움을 주는 사람에게 약속을 얻습니다. 그를 통하여 도움을 받고 싶다고 이야기하세요. 그러고 나서 당신을 어떻게 도와줄 수 있는지를 이야기하는 것입니다.

아래와 같이 이야기를 해보세요.

> 너한테 중요하게 할 이야기가 있어. 나는 이 이야기를 줄리아가 몰랐으면 하기 때문에 꼭 너랑 내가 비밀을 지켰으면 좋겠어. 난 정말로 친구들이나 선생님은 모르셨으면 좋겠거든. 내 스스로 조절할 수 있는 것보다 더 많은 불안이나 스트레스를 느끼는 것 같아. 그리고 공황발작도 생겼어. 학교에서 사람들 앞에서 이야기해야 할 상황 같은 때에 나는 정말 불안을 느껴. 주말에 친구랑 놀러 나갔을 때 처음으로 공황발작도 시작되었어. 이제는 밖에 나가는 것을 생각만 해도 공황을 겪게 돼. 밤에 잠을 자기도 어렵고 내가 애들 앞에 나서면 멍청하다고 생각할 것 같아서 학교 수업에도 집중을 할 수가 없어. 몇 달째 계속되고 있는 중이야. 처음엔 이 일이 금방 지나갈 줄 알았는데 그렇지 않았고 지금 난 정말 나아지기를 바라고 있어. 내가 이런 이야기를 할 수 있는 전문가

선생님을 찾는 데 도움을 줄 수 있을까?

만약 당신이 지지해 주는 사람으로 누군가에게 부탁을 했는데 그 사람이 사양을 한다고 해도 너무 서운해하고 실망하지 마세요. 그런 자격이 되는 사람을 찾아보고 그 사람에게 다시 이야기를 하면 됩니다. 일단 당신은 당신을 도울 만한 시간과 능력이 되는 사람을 찾아보고 도와달라고 요청한 뒤에 능력 있는 정신건강전문가를 찾아봅니다. 이것이 당신이 필요로 하는 도움을 얻기 위한 첫 단계입니다.

전문가 찾기

전혀 모르는 사람에게 당신의 불안과 엄청난 두려움에 대하여 모두 이야기하는 것은 뭐랄까, 무서울 수 있습니다! 많은 청소년이 심리사 선생님을 처음 만날 때 불안을 느낍니다. 특히 모르는 사람과 불안과 걱정에 대하여 이야기해 본 적이 없다면 더욱 그렇습니다. 사실 많은 청소년이 처음 왔을 때 하고 싶은 이야기보다 다른 이야기를 하고 심리치료가 과연 도움이 될 것인가 의심을 하곤 합니다. 그러나 우리는 당신이 불안을 느끼지 않았으면 하고 도움을 얻기 위해 예약 시간을 잡기 바랍니다. 당신을 훈련시키고 가르침을 주실 수 있는 심리사 선생님과 함께 작업(이 책에 나오는 방법들과 같은 작업)을 하는 것은 당신의 마음을 진정시키는 데에 도움이 되어 계획을 완성해 가는 데에 중요합니다.

당신이 느끼는 불안을 배우기 위하여 심리치료를 시작해 보는 것이고 당신은 당신을 도울 만한 심리사 선생님인지를 살펴보는 것입니다. 처음 만날 때에는 그 선생님이 당신의 불안을 조절하는 것을 도와

줄 만한 어떤 자격을 갖추었는지 여쭈어 보는 것도 괜찮습니다. 당신
이 심리사 선생님과 함께하는 것을 편안하게 느끼고, 당신의 역할과
당신을 돕기로 한 선생님의 역할을 분명하게 이해하는 것이 중요하
다. 심리사 선생님의 자격을 알아보기 위하여 아래와 같이 질문할 수
있습니다.

- 전문가 선생님은 의학이나 상담, 사회복지 혹은 심리학의 수련을
  하셨나요?
- 청소년과 작업을 해보신 경험이 있나요?
- 불안이나 불안장애를 치료해 보신 적이 있나요?
- 개인적인 이야기를 공유가 꼭 필요한 사람이라고 생각하는 사람과
  만 이야기하고 비밀을 지켜주실 수 있나요?
- 제가 현실적이고 상식적인 선의 진정된 마음을 가질 수 있도록 목
  표를 세우는 것을 도와주실 수 있나요?
- 만약 심리치료가 도움이 되지 않는다면 더 나은 치료를 위하여 제
  피드백을 받아주실 수도 있나요?

당신이 심리치료를 시작하기로 마음을 먹었다면 숙련된 정신건강전
문가를 찾아야 합니다. 만약 당신이 큰 도시나 인구가 밀집된 곳에 살
고 있다면 자격을 갖춘 정신건강전문가를 찾는 것은 쉽습니다. 그러나
만약 당신이 살고 있는 곳이 시골이거나 작은 마을이라면 약간 더 어
려울 수도 있습니다. 괜찮은 사람을 찾을 수 있는 몇 가지 생각을 아래
에 소개해 보겠습니다.

- 다니는 병원의 의사 선생님이나 학교 상담 선생님께 어린이와 청소년을 담당하는 심리사 선생님께 소개해 달라고 이야기해 보세요.
- 보험회사와 연결되어 있는 심리사 선생님을 소개해 달라고 보험회사에 연락해 보세요.
- 한국심리학회(www.koreanpsychology.or.kr)와 같은 곳을 인터넷에서 검색해 보세요.
- 심리사 선생님을 알고 계실 만한 어른께 이야기해 보세요.

처음으로 심리치료를 생각하는 많은 청소년은 첫 시간에 무엇을 기대할지에 대하여는 별로 생각이 없는 경우가 많습니다. 심리치료나 심리사 선생님을 영화나 드라마에서 본 것과 똑같이 생각하지는 말아주세요! 비록 종종 영화나 드라마 속 심리치료는 재미있어 보일지라도 이런 묘사들은 사실적이지 않은 경우가 많고 특히 불안한 마음을 진정시키는 방법에 대해서는 더 그렇습니다.

당신이 준비하는 것을 돕기 위하여 청소년들이 많이 했던 질문과 우리의 답을 아래에 실어보겠습니다.

심리치료에 대하여 자주 묻는 질문과 답

Q : 저에게 무슨 문제가 있는지 알기 위해서 시험이나 신체검사를 해야 하나요?

A : 아닙니다. 어떤 의사 선생님이나 심리사 선생님은 당신의 상태나 당신에 대하여 더 잘 이해하기 위하여 질문지를 작성하라고 할 수도 있습니다. 또 어떤 선생님은 마치 인터뷰처럼 간단히 질문을 하고 대답을 노트에 적

을 수도 있습니다. 이렇게 수집한 정보를 가지고 선생님들은 당신을 더 잘 이해할 수 있고 당신에게 맞는 좋은 치료 방법을 구상하고 시도해 볼 수 있습니다. 때때로 약을 처방할 수 있는 의사 선생님일 수도 있습니다. 선생님이 약을 처방하기 전에는 몇 가지 의학적 검사를 해보실 수 있고 당신이 건강한지 그리고 약을 복용해도 괜찮은지에 대하여 알기 위한 신체검사를 할 수도 있습니다. 이런 절차들이 안전하게 약을 처방하는 데에 확실한 도움이 됩니다.

Q : 제가 이야기하는 것을 부모, 선생님, 혹은 다른 사람한테 이야기하나요?

A : '비밀보장'이라는 말이 있습니다. 이것은 심리사 선생님이 다른 사람과 정보를 공유하지 않는 것을 이야기합니다. 그러나 당신이 18세 미만의 미성년자라고 한다면 당신의 부모는 당신의 허락 없이 전문가 선생님과 법적으로 당신의 상태에 대하여 이야기를 나눌 수 있습니다. 그렇기 때문에 우리는 심리치료를 할 때 당신이 이 문제에 대하여 부모와 심리사 선생님과 함께 상의하고 당신과 심리사 선생님 사이에서의 비밀에 대하여 정보를 비밀로 할 것인가를 결정하는 것이 좋습니다. 그리고 어떤 정보는 부모, 선생님, 다른 사람들과 나누는지도 정하는 것이지요.

Q : 약을 먹어야 할까요?

A : 어떤 의사 선생님은 상담이나 심리치료와 병행하여 약을 먹는 것을 권하기도 합니다. 그렇기 때문에 심리치료에 추가적으로 왜 약을 권하는지 이해하기 위하여 부모와 의사 선생님과 함께 상의를 해보세요.

Q : 얼마나 오랫동안 심리사 선생님을 만나야 하나요?

A : 만남의 횟수는 너무나 다양해서 적게는 10번 이하로 만날 수도 있고 많으면 20번도 넘게 만나기도 합니다. 선생님과 당신은 얼마나 상황이 특별한지에 대하여 보고 또 당신이 심리치료를 통하여 얼마큼 성공하기를 원하는지 불안이 얼마나 많은 영향을 미치는지를 보고 결정할 수 있습니다.

Q : 제가 심리사 선생님을 좋아하지 않으면 어떻게 되나요?

A : 우리는 심리사 선생님이 당신을 충분히 도울 수 있는 사람이라면 심리치료를 받는 동안 당신이 선생님을 좋아했으면 하고 바랍니다. 그러나 몇 번을 만나도 좋아지지 않는다면 부모나 혹은 직접 선생님과 만나서 왜 이런 일이 일어났는지를 살펴보고 다른 선생님을 만나서 작업을 하는 것이 나은지 결정할 수 있습니다.

Q : 제가 잘 알고 믿는 사람보다 왜 심리사 선생님을 만나서 작업을 해야 하나요?

A : 당신이 잘 알고 믿고 심지어 사랑하는 지인은 당신이 힘들어할 때 곁에서 많은 지지를 해줄 수 있습니다. 그들은 또 다른 역할과 책임이 있고 심리사 선생님은 온전히 당신을 도와줄 수 있기 때문입니다. 그리고 당신이 조언을 얻고 싶을 때 친구나 가까운 사람들은 상황을 객관적으로 보기가 쉽지 않습니다. 직업으로서의 심리사 선생님은 당신의 흥미와 안녕을 우선적으로 생각을 하며 할 수 있는 한 객관적으로 당신에게 도움을 주려고 할 것입니다. 또한 불안한 청소년을 도와준 경험이 있는 심리사 선생님은 어떤 방법과 조언이 가장 효과적이고 도움이 되는지를 알고 있습니다. 비록 친구나 부모가 매우 의미 있는 사람이라 하더라도 사실 어떤 경우에는 당신의 불안이나 공황이 더 안 좋은 쪽으로 가게끔 할 수도 있습니다.

앞으로 나아가기

자신을 혼자라고 여긴다면 불안한 마음을 진정시키는 것을 배우는 것은 힘든 일이며 또한 어려운 일입니다. 도움을 얻는 방법을 찾고 받아들이는 것은 두려운 일인지 모르지만 당신의 불안을 덜어낼 수 있도록 나아가는 것은 중요한 일입니다. 만약 지금 도움을 받아들이지 않는다면 도움을 받을 수 있다는 것을 안다는 것이 불안을 덜 느끼게 하고 더욱 희망적이게 만들면서 당신에게 새로운 삶을 줄 수 있다는 것을 알았으면 합니다.

이번 장에서는 청소년이 도움을 거절하는 일반적인 여섯 가지 이유에 대해 이야기하였습니다. 그리고 도움을 받아들였을 때의 플러스와 마이너스를 하나씩 다루어 봄으로써 지금 도움을 받아들이는 것이 당신에게 이롭다는 것을 이야기하였습니다. 또한 당신이 마음을 진정시킬 수 있도록 지지해 줄 수 있는 사람과 심리사 선생님을 어떻게 구분하고 팀원으로 만들 수 있는지에 대하여도 이야기하였습니다. 만약 이것을 생각해 볼 시간이 더 필요하다면 그렇게 해도 좋습니다. 이번 장을 한 번 더 읽음으로써 편안해지고 특히 도움을 받는 것에 대한 플러스 마이너스를 더 읽어 보는 것을 통해 그러하길 바랍니다. 좋은 팀이 당신의 마음을 진정시켜 주는 데에 더욱더 빨리 매우 큰 변화를 가져다줄 것입니다.

3

호흡과 이완

자 유투 라인에 서 있는 르브론 제임스의 모습을 본 적이 있나요? 그는 공을 튕길 때 한 번, 두 번 그리고 아마 세 번쯤 그의 몸과 마음을 진정시킬 느리고 깊은 호흡을 합니다. 그리고 그는 멈춰 서서 오직 골대에 집중을 하고 골망을 휙 하고 통과하는 공을 떠올려 본 다음 숏을 던집니다. 그는 항상 깔끔한 숏을 던집니다. 비슷한 예로 클래식 기타리스트인 요요마는 연주를 시작하기 전에 긴장을 풀기 위하여 주먹을 꽉 쥐거나 어깨를 으쓱해 봅니다. 이런 행동들은 별것 아니고 중요해 보이지 않을 수 있지만 이 행동의 좋은 점에 대해 생각해 보세요. 깊은 호흡과 근육 이완은 어떤 놀라운 결과를 이루어 낼 수 있는 중요한 순간에 르브론 제임스나 요요마를 침착하고 집중할 수 있도록 해줍니다.

어떤 상황에서도 활용할 수 있는 우리의 몸을 이완시키는 법이나 차분해지는 법을 배우는 것은 당신의 불안한 마음을 진정시키기 위한 첫 번째 단계입니다. 호흡은 우리 대부분이 깨닫지 못하고 있지만 매우 자동적으로 이루어집니다. 그러나 당신은 스트레스를 받을 때나 불안감이 당신의 몸을 덮칠 때 호흡이 변화하는 것을 느껴본 적이 있지 않나요? 당신이 스트레스나 불안을 느낄 때 당신의 호흡은 빨라집니다. 과호흡처럼 필요 이상으로 산소를 많이 들이마시는 것은 피 속에서 산소와 이산화탄소의 불균형을 초래합니다. 이것은 혈관이 수축되고 충분한 양의 산소가 조직과 세포로 전달되는 것을 방해하는 원인입니다. 이것은 완전히 해로운 것은 아니지만 당신의 걱정의 수레바퀴가 시작되는 이상하고 두려운 기분인 어지러움, 따끔거림, 가벼운 두통을 경험하게 한다는 것입니다. 더욱이 당신이 호흡을 빠르게 할 때 근육은 더욱 긴장되며 당신을 피곤하고 아프게 하는 원인이 됩니다. 심지어 당신은 빠르게 호흡할 뿐 아니라 스트레스나 불안, 근육의 긴장을 느낄 수도 있습니다. 당신의 불안이 길어질수록 당신의 근육은 더 긴장을 하게 됩니다.

 당신은 불안해진 몸을 빠르게 호흡을 조절하는 법, 근육을 이완시키는 법, 마음을 편안하게 만드는 법을 배움으로써 진정시킬 수 있습니다. 이 장에서 당신은 몸을 편안하게 하는 세 가지 중요한 방법인 복식호흡, 점진적 근육 이완법, 심상법을 어떻게 이용하는지 배울 것입니다. 우리는 서서히 구르기 시작한 당신의 걱정의 수레바퀴 일상에서 이러한 방법들을 활용함으로써 도움이 되는 목적과 팁을 포함시킵니다. 이런 방법들은 불안한 마음을 진정시키도록 하는 성공적인 계획의 중요한 한 부분이며 배우기 쉬울 뿐 아니라 실행하는 것은 더욱 쉽습니다. 호흡, 이완, 심상법을 함께하는 것은 당신이 빠르게 몸의 스트레스의 불안을 없앨 수 있습니다. 몸이 한 번 조금 차분해지면 당신은 이 책에서 이야기하고 있는 다른 방법을 더 잘 이용할 수 있을 것입니다.

몸을 편안하게 만드는 방법의 활용

호흡, 이완, 심상법을 활용할 때 산만하지만 않다면 이는 가장 최선의 방식입니다. 당신을 방해할 만한 것이 없는, 10분에서 15분 동안 있을 수 있는 조용한 곳을 찾으세요. TV, 전화기, 컴퓨터, 음악은 끄세요. 당연히 그 밖에 시끄러울 수 있는 것도 모두 끄세요.

그다음 훈련할 수 있는 시간을 찾으세요. 당신이 특히 원하는 스케줄이 있을지도 모릅니다. 이렇게 생각하세요. "아, 맞아. 그것은 가능한 일이야." 그러나 1분만 생각하는 거예요. 정신이 덜 산만할 때나 짧게 쉴 수 있는 때가 있나요? 이 방법은 학교가 끝난 후에 하는 것은 좋지만 숙제를 시작하기 전에는 좋지 않아요. 혹은 어쩌면 주말에 하는 첫 번째 일로 계획을 세울 수도 있고 일요일 저녁 식사를 하기 전일 수도 있습니다. 가장 좋은 시간을 선택하는 것은 당신이 매일 이 기술을 쉽게 배우고 적용해 볼 수 있게 하며 당신의 불안한 몸을 편안하게 하는 데에 전문가가 될 수 있도록 도움을 줄 수 있습니다. 이 훈련을 우선순위로 만드세요.

처음 호흡과 이완 방법에 대해 들었을 때 저는 그것들이 요가나 명상을 하는 사람들에게 필요한 것이라고 생각했어요. 저는 그 훈련을 하고 있다고 사람들에게 말하는 것이 두려웠어요. 그러나 각양각색의 사람들이 이 방법을 매일 사용하고 있고 무엇을 하는지 눈치챈 사람들이 있건 없건 이 방법은 적용하기가 쉬워요.

−바비, 15세

복식 호흡

복식 호흡은 몸을 편하게 하는 첫 번째 방식입니다. 편안한 마음을 가지고 복식 호흡을 연습하기 위하여 조용한 곳으로 이동하고 방 문을 닫으세요. 그리고 편안한 의자에 앉거나 누워서 안정을 취합니다. 당연히 느슨한 옷을 입고 다리나 팔을 꼬지 않아요.

당신의 코나 입에서부터 배까지 오는 얇고 긴 튜브의 끝에 빨간 풍선이 달려 있다고 상상하는 것으로 시작해 보아요. 손을 배꼽 위에 올려놓고 풍선이 부풀어지고 쪼그라드는 그 리듬을 배가 오르락내리락하는 것으로 느껴 보세요. 눈을 감고 손을 배 위에 올려놓은 채로 숨이 서서히 들고 나가는 것을 느껴 봅니다. 셋을 세면서(하나-둘-셋) 코를 통해 숨을 천천히 들이쉬세요. 또 셋을 세는 동안 숨을 참고 머무르세요. 그리고 나서 천천히 셋을 세면서 숨을 내쉽니다.

이를 반복할 때 빨간 풍선이 부풀어지는 모습은 당신이 숨을 들이쉬는 것과 같고 풍선이 쪼그라드는 것은 숨을 내쉬는 것과 같습니다. 공기가 들어오고 나가는 것을 천천히, 그리고 균일하게 하는 것에 집중하세요. 다시 깊은 호흡을 할 때에도 셋을 세면서 합니다. 셋을 세면서 숨을 멈추고 셋을 세면서 내쉬세요.

그다음 숨을 들이쉴 때 천천히 자신에게 '편안히'라고 이야기하고 마음의 눈으로 그 단어를 보며 그 단어를 늘려서 보세요(편-안-히). 그리고 셋을 세면 숨을 참고, 숨을 내쉬면서 스스로에게 '마음'이라고 이야기하고 그 단어를 늘려서 보세요. 그리고 이를 반복합니다.

이를 천천히, 조용히, 리듬감 있게 숨을 쉬면서 10분에서 15분간 반복하고 계속합니다. 만약 당신의 마음이 이 연습을 하는 동안 의문이 생긴다면 '편안히'와 '마음'이라는 단어를 떠올리는 것에 다시 주의를 기울이는 것에 집중하고 숨을 들이쉬고 내쉬는 것을 계속합니다. 또 배에 숨이 들어오고 나가는 것을 관찰하세요.

정리하여 아래 단계를 보세요.

1. 당신의 코를 통하여 숨을 들이쉬고 입을 통하여 내쉽니다. (만약 의사 선생님이나 부모가 의학적인 이유로 이것을 권하지 않는 경우를 제외하고) 만약 코를 통해서 숨을 쉬기가 어렵다면 입을 통해서 할 수 있습니다.
2. 숨을 들이쉴 때 머릿속에 '편안히'라는 단어를 떠올리면서 천천히 단어를 늘려서 상상합니다.
3. 셋을 세면서 잠시 숨을 멈춥니다.
4. 숨을 내쉴 때 머릿속에 '마음'이라는 단어를 떠올리면서 천천히 단어를 늘려서 상상합니다.
5. 셋을 세는 동안 편히 쉬세요.
6. 이러한 방식을 총 10분에서 15분간 반복합니다.

점진적 근육 이완법

점진적 근육 이완법은 몸을 편안하게 하는 두 번째 방법이며 몸의 긴장을 해소하는 데에 중요한 방식입니다. 앞에서 이야기했듯이 첼리스트 요요마는 연주를 하기 전이나 하는 동안 손의 긴장을 풀려고 합니다. 일라이 매닝과 세레나 윌리엄스 같은 프로 선수들은 게임을 하기 전에 근육을 이완시킵니다. 게임을 하는 동안 일라이 매닝과 그 외에 뉴욕

자이언트의 선수들이 어깨를 들썩이는 것이나 주먹을 흔드는 것을 본 적이 있나요? 세레나 윌리엄스나 다른 테니스 선수들이 경기 중에 몸을 구부리고 움직이는 것을 본 적이 있나요? 이런 제스처들은 고조된 긴장을 덜어내기 위한 것이며 이는 그들의 근육이 잘 움직일 수 있게 돕습니다.

유명한 음악가나 운동선수들처럼 당신도 자신의 근육을 이완시키고 원치 않는 긴장과 불안을 낮추는 법을 배울 수 있습니다. 팔을 옆에 가만히 두고, 발은 꼬지 않고 땅에 눕거나 앉아 보세요. 눈을 감아 보세요. 눈에 힘을 꽉 주고 감아 보세요. 그러고 나서 당신의 코를 마치 썩은 달걀 냄새를 맡았을 때와 같이 벌름거리며 입꼬리를 귀까지 잡아당기며 한껏 미소를 지어 보세요. 그리고 입과 턱의 긴장을 잔뜩 줍니다. 이런 동작을 15초 동안 유지합니다. 그리고 15초 동안 천천히 눈과 입, 코와 턱의 긴장을 풀어 주세요. 얼굴의 모든 주름이 사라지도록 이완시키세요. 당신의 얼굴은 부드러워지고 편안해지며 뺨이 느슨해지는 것을 느낄 수 있을 것입니다. 또 당신의 혀는 입 안에서 늘어질 것입니다. 당신의 얼굴이 긴강하고 있을 때와 이완하고 있을 때의 차이에 대하여 주목해 보세요. 만약 이 차이를 알게 된다면 당신은 근육이 긴장되어 있다는 것을 알아차릴 때마다 바로 이완시킬 수 있을 것입니다.

자, 이제 목과 어깨로 움직여 보도록 하겠습니다. 겁먹은 거북이처럼 목을 어깨 쪽으로 잔뜩 움츠려 보세요. 이 자세를 15초간 유지하고 잔뜩 긴장한 목근육과 당신이 느끼는 불편함을 관찰해 보세요. 이제 긴장을 풀고 어깨를 축 늘어뜨리면서 머리도 편안하게 합니다. 이런 자세를 15초 동안 유지하세요.

다음으로 팔과 손으로 이동합니다. 주먹을 꽉 쥐고 팔을 교차하여 꼬아 보세요. 팔짱을 낀 채로 마치 팔이 당신을 옭아매듯이 힘을 주세요. 주먹을 쥐고 팔을 교차한 상태로 15초 동안 유지합니다. 그리고 주먹을 펴고 팔을 천천히 몸의 옆으로 떨어뜨립니다. 이 자세를 15초 동안 유지합니다. 당신은 자신의 팔을 퉁퉁 불어버린 스파게티처럼 느낄 수도 있습니다. 팔이 어떻게 늘어지는지 무거운지에 대하여 관찰해 보세요. 이렇게 이완된 느낌은 근육이 긴장되거나 단단한 상태일 때보다 훨씬 나을 것입니다.

이제 팔을 등 뒤로 넘긴 다음 잡아당겨서 팔꿈치끼리 맞닿도록 해보세요. 이 자세를 15초간 유지한 후 천천히 이완시킵니다.

다음에는 배를 안쪽으로 당겨서 단단하고 조이는 느낌으로 만들어 보세요. 이와 더불어 엉덩이에 힘을 주어 조여 보세요. 이 자세를 15초 동안 유지합니다. 이 긴장이 얼마나 불편한지 관찰해 보세요. 그리고 엉덩이 근육을 이완시키며 배도 역시 바깥으로 부풀어 오르게 합니다. 이것을 15초 동안 하세요. 당신이 모든 근육을 통하여 긴장과 이완을 연습하는 것으로 당신은 이미 더 편안한 상태를 느끼기 시작했다는 것을 알 수 있을 것입니다. 근육은 무거움과 편안한 상태를 알 수 있고 전신에 이완의 느낌이 시작되고 있는 것이 느껴집니다. 신체가 어떻게 느끼는지와 근육의 이완을 알 수 있습니다.

마지막 연습은 다리와 발입니다. 발을 앞으로 뻗고 발가락 끝을 앞으로 향하게 뻗습니다. 15초간 자세를 유지하고 15초간 이완을 시킵니다. 이완을 느끼기 시작하면서 당신은 다리가 편안해지고 늘어지는 것을 느낄 수 있을 것입니다.

당신은 모두 6개 그룹의 근육을 나누어 연습하여 지금까지 왔습니다. 좀 더 신체를 이완시키기 위하여 몇 차례에 걸쳐 이 6단계를 반복할 수 있습니다.

정리하여 아래에 점진적 근육 이완법의 평범한 방식을 적어 놓았습니다. '

1. 눈, 코, 입, 턱(얼굴)을 조이고 긴장시키기를 15초 동안 유지하고 이후 15초간 이완시킵니다.
2. 신체와 근육을 편안하게 유지시킵니다. 그리고 다음 다섯 가지 근육 그룹으로 한 번에 하나씩 움직입니다.
   - 목과 어깨
   - 손과 팔
   - 등 위쪽
   - 배와 엉덩이
   - 다리와 발
3. 당신의 근육이 긴장했을 때와 이완했을 때의 차이에 대하여 집중하세요. 어떻게 긴장된 상태보다 이완된 상태가 더 좋은 것인지 주목하십시오.
4. 좀 더 이완을 원할 때 6개의 근육 그룹을 반복해서 연습하세요.

주의해야 할 것은 당신의 어떤 의학적 소견상의 문제로 의사 선생님이나 부모가 이 연습이 괜찮지 않다고 생각할 경우에는 하지 않도록 합니다.

심상법

심상법은 이 장에서 이야기하는 몸을 편안하게 하는 마지막 방법입니다. 긴장과 불안을 낮춰 주는 방법이지요. 배우와 운동선수, 혹은 그 밖의 전문가들이 편안한 상태를 유지하고 자신의 능력을 향상시키기 위하여 이 심상법을 사용합니다. 프로 골프 선수인 타이거 우즈는 심상법을 이용하여 공을 칠 준비를 합니다. 공을 치기 전에 타이거 우즈는 멀리 내다보며 공을 어디로 쳐야 하는지 상상합니다. 그리고 공을 치기 전에 공이 잔디 위로 굴러가는 것과 구멍으로 들어가는 것을 상상합니다. 골프는 극도의 정신 집중을 필요로 하는 운동입니다. 그리고 공을 치기 전에 결과를 상상할 수 있기 때문에 어떻게 경기를 치르는가에 차이가 있을 수 있습니다. 당신은 불안한 마음과 몸을 편안히 진정시키기 위하여, 그리고 집중과 주의력을 향상시키기 위하여 일상에서의 심상화를 사용하고 적용하는 것을 배울 수 있습니다.

당신의 심상화 도구를 발전시키는 연습을 위해 좋아하는, 혹은 따뜻한 수영장에 고무보트를 부풀려 둥둥 떠다니는 평화로운 곳이라든가 여름날 해변에 누워 있는 것을 상상해 보세요. 당신의 모든 감각을 활용해서요. 무엇이 보이나요? 색깔, 모양, 사람들, 그리고 당신 주변에 있거나 멀리 떨어진 동물들을 찾아보세요.

이제 무엇이 들리나요? 짹짹 지저귀는 새나 파도치는 소리가 들리나요? 바다 내음이나 풀잎 냄새가 느껴지나요? 맛도 느낄 수가 있나요? 바닷가 가까이를 걷고 있다고 상상해 보세요. 소금물의 짠맛을 느끼거나 레모네이드를 홀짝거리는 것을 상상해 보세요.

마지막으로 어떤 느낌이 오나요? 부드러운 꽃잎을 만져 보거나 단단한 바위를 만져 보세요. 그리고 그 표면의 느낌을 관찰하세요. 이것을 상상할 때 당신은 흥분되거나 불안한 생각을 관찰할 수도 있고 불안해하는 이미지들이 당신의 아름다웠던 장면으로 강제로 들어왔을지도 모릅니다. 그것이 점점 커지고 거슬린다 하더라도 이러한 생각들을 무시하려 하지 마세요. 대신 은은한 바람처럼 스쳐 지나가도록 놓아두세요.

저는 참견하기 좋아하는 이웃과 같은 군말 많고 성가신 생각들을 다뤄요. 이렇게 이야기를 하지요. "이봐, 불안한 생각. 난 바빠서 지금 수다떨 시간이 없거든." 아니면 종이비행기에 생각을 접어 넣는 상상을 해요. 그리고 비행기를 하늘로 날려 버리고 나의 편안한 마음에서 멀리 날아가는 것을 지켜본답니다.

―바비, 15세

계속하여 최소한 5분에서 10분 동안 이러한 상상을 하며 자리에 앉습니다. 그리고 얼마나 평화로운 느낌이 드는지 지켜보고 불안과 긴장에서 벗어나 편안한 장면을 즐겨 보세요.

심상법은 강력한 도구입니다. 어떻게 연습하면 좋은지는 다음과 같습니다.

1. 조용한 장소를 찾아 등을 대고 편안하게 누우세요.
2. 눈을 감으세요.
3. 당신이 가고 싶은 조용한 곳을 생각하세요. 꼭 가 봤던 데가 아니어도 좋습니다. 그저 가고 싶은 곳을 상상하세요. 당신의 상상력을 발휘하세요! 상상의 장소도 만들어 낼 수 있습니다.

4. 당신의 모든 감각인 시각, 후각, 청각, 미각, 촉각에 대한 경험을
   풍부하게 느끼고 그 장면을 충분히 탐험할 수 있도록 사용하세요.

5. 당신의 몸에 어떤 느낌이 오는지 관찰하세요. 근육이 어떻게 이완
   되는지 주의를 기울여 보세요. 심장이 얼마나 빨리 뛰는지, 숨은
   얼마나 느린지, 그리고 당신이 만들고 있는 이미지에서 어떻게
   마음이 편안해지는지 관찰하세요.

대본 발전시키기

복식 호흡, 점진적 근육 이완법, 심상법은 신체의 긴장과 불안함을 조
절할 수 있도록 도와 몸을 편안하게 하는 중요한 세 가지 방법입니다.
우리는 이를 한 번에 조합하여 사용하는 방법을 권장하고 있습니다.
그뿐만 아니라 처한 상황에 맞춰 조절할 수도 있습니다. 이를 이용할
때 희미한 불빛이나 도움이 되는 음악을 사용해도 괜찮아요. 당신이
원하는 대로 하고 싶다면 자신만의 대본을 만드는 것도 좋습니다. 이
장의 뒷부분에서 대본의 한 예시를 찾을 수 있을 것입니다.

자신만의 대본이 완성이 되었다면, 그것을 진짜로 CD에 굽거나
MP3에 녹음하세요. 그러고 나서 그것을 이용하여 어느 때나 어느 장
소에서나 연습할 수 있습니다. 어떤 10대들에게는 친구나 부모, 심리
사 선생님과 같은 타인이 이런 것을 연습하는 데에 도움이 될 수 있습
니다. 혼자 연습하든 다른 사람과 함께하든 구애 받지 말고 2주에서 4
주간 이러한 도구를 이용하여 매일 10분에서 15분씩 한두 차례 연습하
는 것은 쉽고 자동적으로 할 수 있습니다. 그 후 당신은 걱정의 수레바

퀴에 갇혀 있는 자신을 발견했을 때 당신의 편안한 몸의 도구를 이용할 준비가 되는 것이지요. 당신의 대본을 사용할 수 있는 몇 가지 일반적인 상황입니다.

- 시험을 보기 전이나, 실습 전, 운동 경기 전
- 잠들기 어려울 때
- 불쾌한 마음이 들거나 공황을 느끼는 동안
- 당신이 해야 하는 모든 일에 대하여 스트레스를 느낄 때
- 근육이 뭉쳐지고 긴장되는 것을 느낄 때
- 불안을 느끼게끔 하는 데이트를 하거나 사회적인 상황에 관여될 때
- 당신이 걱정의 수레바퀴에 갇혀 있다고 느끼는 언제든

엘리의 편안한 몸과 마음을 만들도록 하는 대본

이 대본은 이 책을 보고 몸을 편안하게 만드는 세 가지 방법을 가지고 내가 만든 것입니다. 나는 스스로 녹음을 하고 잠들기 전에 직접 녹음을 듣습니다. 당신이 내 대본을 사용해도 괜찮고 원하는 대로 자기만의 말로 바꾸어도 좋습니다.

- 침대에 누워 편안해지도록 근육을 텁니다.
- 눈을 감고 코나 입에 길고 가느다란 끈으로 연결된 빨간 풍선이 뱃속에 있는 것을 상상해 보세요.
- 손을 배꼽 위에 올려놓고 배가 오르락내리락하며 풍선이 부푸는 것과 쪼그라드는 것을 느껴 보세요.
- 그리고 셋을 천천히 세면서(하나-둘-셋) 코로 심호흡을 천천히 들이마십니다. 멈추고 셋 세는 동안 숨을 참아 봅니다. 그리고 셋을 세면서 천천히 숨을 내쉽니다. 반복합니다.

- 몇 번 숨을 이렇게 쉰 후에 들이쉴 때는 '편안'이라고 생각하고, 내쉴 때에는 '평화'라고 생각해 보세요.
- 이렇게 숨쉬는 것을 10번에서 15번 반복해 봅니다. 그러면서 배가 천천히 오르락내리락하는 것에 집중해 보세요.
- 숨을 천천히 쉬기 시작하는 것이 얼마나 좋은지 알아차려 보세요. 숨을 천천히 쉬는 것이 불안한 몸과 마음에 도움이 될 것이라는 것을 기억하세요.
- 자, 눈을 꼭 감아 보세요. 코에도 힘을 줍니다. 그리고 입이 귀에 걸릴 정도로 강하게 입꼬리를 올리며 웃어 보세요. 이를 꽉 다물어서 턱에도 힘을 주세요. 이러한 자세로 15를 세어 봅니다.
- 천천히 15를 세면서 눈, 코, 입, 턱의 긴장을 풀어 줍니다.
- 마치 눈이 녹듯이 얼굴의 주름이 없어지는 편안함과 피부가 이완되는 것을 알아차려 보세요. 볼이 부드러워지는 것을 느끼고 입안에서 혀가 축 늘어지는 것을 느낍니다. 얼굴이 조여지고 긴장되었을 때와 어떻게 다른지 알아차려 보세요. 긴장되고 조여 있을 때보다 이완되었을 때의 느낌이 훨씬 더 나을 것입니다.
- 이제, 주의를 목과 어깨로 맞춰 봅시다. 어깨를 움츠려 보세요. 이 자세를 유지한 채 15을 세어 봅니다(하나-둘-셋-넷). 목근육을 끌어당겼을 때의 불편한 느낌을 느껴 보세요.
- 이 근육들을 편하게 풀고 어깨를 아래로 떨어뜨리고 머리를 편하게 해보세요. 이완되었을 때 머리가 무거운지 가벼운지를 느껴 보세요. 이러한 자세로 15를 세어 보세요.
- 주의를 손과 팔로 이동시켜 주먹을 꽉 쥐고 팔짱을 낀 상태로 돌려 보세요. 팔을 가슴에 꼭 붙이고 또 몸싸움을 할 때처럼 밀어내 보세요. 이렇게 팔짱을 끼고 주먹을 쥔 자세로 15를 세어 보세요.
- 주먹을 풀지 말고 팔을 천천히 몸 옆으로 떨어뜨려 보세요. 이 자세로 15를 세어 보세요. 팔이 늘어지면서도 무거운 느낌을 느껴 보세요. 이완의 기운이 몸에 퍼지는 것입니다. 이 모든 동작 다음에 팔을 몸 뒤로 당기고 팔꿈치끼리 부딪치게 해보세요. 이 자세로 15를 세고 푸는 자세로 15를 세어 보세요.
- 차분한 숨을 쉬고 근육을 이완시키며 마음을 평화롭게 가져 보세요. 조용하고 텅 빈 해변에 누워 있는 자신을 상상해 보세요. 따뜻한 태양이 등에 내리쬐는 것과 부드러운 모래가 손 아래 있는 것을 느껴 보세요. 바다로

눈을 돌려 보세요. 청록의 바닷물을 보고 하얀 파도 내음을 맡아 보세요. 갈매기의 끼룩거리는 소리가 조용하고 아무도 없는 이 해변에 울려 퍼집니다. 주변에 있는 정원으로부터 열대식물의 냄새를 맡아 보세요. 손을 뻗어 시원한 망고주스를 마셔 보세요.

- 당신이 이 모든 감각을 느끼는 것에 따라 편안하고 평화로운 느낌을 관찰하고 걱정과 불안이 멀리 달아나는 것을 깨달아 보세요.
- 천천히 심호흡을 하며 들숨에 "편안하다."라고 하고 날숨에 "평화롭다."라고 말해 보세요.
- 계속 아름답고 따뜻한 모래 해변을 상상하며 5번에서 10번 반복하여 리듬이 있는 숨을 쉬어 보세요.
- 당신이 원하는 만큼 평화롭고 이완되는 상태를 느껴 보세요.

편안한 몸 연습하기

몸과 마음이 이완되었다고 느끼도록 훈련하는 것은 시간이 걸릴 것입니다. 피아노를 친다든지, 자유투를 넣는 것이라든지 당신이 하는 모든 것처럼 연습은 무언가를 잘하게 하는 방법입니다. 매일 하는 훈련은 새로운 기술을 빠르게 배울 수 있도록 해줄 것입니다. 지금은 어떤 장소가 산만한 장소로부터 자유로운 곳인지, 그래서 언제 어디에서 녹음된 소리나 이 대본을 읽을 수 있는지 결정할 때입니다. 어떤 청소년들은 학교가 끝날 때나 잠자리에 들기 전에 사용하곤 합니다. 맞는 시간은 따로 없습니다. 당신에게 맞는 시간이 있을 뿐입니다. 매일 연습하는 것을 돕기 위하여 이완 연습장을 이용해 보세요. 일주일에 하루하루 사용한 '마음을 진정시키는 기술'과 연습하는 동안 느껴졌던 '불안과 이완의 정도'를 기록하세요. 이완 연습장은 당신의 불안과 이완을 연습하는 것을 도와줄 것입니다. 훈련을 통해 당신의 불안 수준이 떨어지고 이완 수준이 올라가는 것을 느껴 보세요. 조만간 이러한 대본이나 녹음 없이도 이완할 수 있을 것이며 심지어 평안할 것입니다.

이완 연습장

	편안한 몸의 기술	불안 정도	이완 정도
월요일			
화요일			
수요일			
목요일			
금요일			
토요일			
일요일			

점수 척도 : 0=전혀, 10=매우 그렇다
편안한 몸의 기술 : 복식 호흡, 점진적 근육 이완법, 심상법

CHAPTER 4

스마트하게 생각하기

사람들이 같은 상황을 다르게 보는 것을 본 적이 있나요? 선생님이 도시 근교에 나가서 현장 학습에 대해 이야기하는 것을 상상해 보세요. 언뜻 보기에는 당신의 반이 학교 밖으로 나가고 모두가 기쁘고 재미있는 것처럼 보일 것입니다. 그러나 좀 더 관찰을 하면 어떤 학생은 견학을 그다지 대단하다고 생각하지 않을 것이고 어떤 학생은 친구들과 일상적인 학교생활을 떠나는 것을 싫어할지도 모릅니다. 그리고 이렇게 생각하겠죠. "나는 현장 학습이 싫어. 수업에 집중할 수도 없고 친구 사귀는 것도 어려울 거야." 또는 어떤 학생은 이렇게 생각할 수도 있습니다. "나는 친구를 사귈 수 없겠지만 적어도 화학 수업에 교실에 앉아 있지 않아도 되는군." 지하철을 타는 것에 불안함을 느끼는 어떤 학생은 "안전하지 않아. 난 발작을 일으키고 창피를 당하게 되겠지."라고 생각할지도 모릅니다. 이 모든 다른 예에서 상황은 같습니다만 견학에 대해 생각하는 방법이 어떤지에 따라 청소년의 반응과 느낌은 다릅니다.

이 장의 목표는 불안한 마음이 행동과 감정에 어떤 영향을 미치는 지를 이해하는 것입니다. 당신은 이것들을 어떻게 구분하고 평가하며, 도움이 되지 않는 불안한 자기대화를 '스마트하게 생각하고 용기 있게 행동하기'로 변화시킬 수 있는지 배우게 될 것입니다. 불안의 A−B−C 모델을 작성하는 것부터 시작하고 불안한 자기대화가 어떻게 불안, 두려움 회피를 유지시키는지에 대하여 평가할 것입니다. 과도한 걱정, 두려움을 느끼게 하는 불안한 자기대화의 전형적인 유형(문제가 되는 생각, 믿음, 가정)에 대해 주로 다룰 것입니다. 그래서 당신의 불안한 마음을 진정시킬 수 있는 자기대화로 불안한 자기대화를 바꿀 수 있도록 진정하게끔 돕는 몇 가지 방법을 알려드리겠습니다.

자기대화와 불안의 이해

생각하고 스스로에게 이야기하는 것을 자기대화라고 부릅니다. 이는 해석을 하는 하나의 방식이고 이러한 해석은 우리가 어떻게 느끼고 행동하는지를 결정합니다. 당신은 도움이 되는 자기대화, 도움이 되지 않는 자기대화, 이도저도 아닌 자기대화 등 자기대화의 많은 유형을 일반화 시킬 가능성을 가지고 있습니다. 예를 들면, 길을 건너고 있는 중이고 갑자기 걷는 것을 멈추었다고 상상해 보세요. 당신은 엔진이 돌아가는 소리와 함께 타이어가 끼익 하는 소리를 듣게 될 것입니다. 즉각적으로 당신은 '위험'이라는 자기대화를 만들어 낼 것입니다. 그리고 몸은 높은 수준의 경보를 울리게 되겠지요. 심상이 빠르게 뛸 것이고 아드레날린이 솟구치는 것을 느낄 것이며 즉시 위험에서 벗어나려는 움직임을 나타낼 것입니다. 당신은 멈추고 긴장하게 될 것입니다. 그리고 차는 가까스로 당신을 스쳐 지나갑니다. 이 예에서 본 것과 같은 어떤 불안한 자기대화는 당신을 도움으로부터 구해 주었기 때문에 도움이 됩니다.

그렇지만 또 다른 불안한 자기대화는 도움이 되지 않을 수도 있습니다. 당신이 멈춰 설 때마다 "건너면 안 돼. 너무 위험해!"라고 생각한다면 말이죠. 길거리에는 차가 없고 안전한 상황이기만 할까요? 이런 불안한 자기대화는 상황이 안전하거나 위험이 별로 있을 것 같지 않는 것과 마찬가지로 도움이 되지 않습니다. 불행히도 불안해하는 청소년은 불필요한 공포나 회피, 너무 큰 불안을 느끼게끔 하는, 도움이 되지 않는 불안한 자기대화를 많이 나누고 있습니다.

불안한 마음 입력하기 : A−B−C 모델

자기대화는 자동적으로 일어나기 때문에 처음 상황을 실제 어떻게 해석하는지, 당신이 느끼고 행동하는 것은 무엇이 원인이었을까 생각할 때 당신을 불안하게 만들었다고 믿기 쉽습니다. 자기대화의 효과를 이해하는 또 다른 방법은 A−B−C 모델이라고 하는 단순한 방법을 이용하는 것입니다. 상황이나 사건을 **촉발 사건**(A : Activating Event)이라고 부르고 이는 **결과**(C : Consequences)라고 하는 다른 감정과 행동을 만들어 냅니다. 이것은 당신의 사건에 대한 **믿음**(B : Believe)이나 생각의 직접적인 결론입니다. A−B−C 모델이 설명하는 것은 사건이 당신의 감정이나 행동을 만드는 것이 아닙니다(A → C). 대신 믿음과 생각(자기대화)은 당신의 감정과 행동을 만든다는 것이지요(B → C). 예를 들어, 바비가 친구들과 함께 여름 캠핑을 가는 것에 대하여 토론하고 있다고 해봅시다(A). 바비는 이런 생각을 할 것입니다. "이건 좀 별로인 것 같아. 나는 카약을 타지도 못하는걸. 스스로 바보 같아 보일 거야(B)". 비록 바비는 친구들과 여행을 가겠지만 불안을 느끼겠지요(C). 카약을 타는 것보다 더 재미있는 것을 하기 위하여 책을 들고 갈 수도 있습니다(C).

불안을 느끼는 시기에는 음악 재생목록에 있는 노래나 음악을 플레이시키는 것과 같이 당신의 마음은 정말 많은 자기대화를 하게 됩니다. 사실 불안한 마음은 반복 재생 모드에서 턱 하고 걸리는 경향이 있기 때문에 계속계속 당신을 더 끝으로 몰고 가고 걱정스럽고 예민하게 만듭니다. 마음속에서 불안한 자기대화는 음악이나 노래목록과 같기 때문에 우리는 자기대화를 '사운드 트랙'이라고 바꿔서 부르겠습니다. 마음속에서 불안의 사운드 트랙이 돌아가나요? 아마도 이런 식으로 생각을 해보았을 것입니다. "황당해시 죽을 것 같아.", "절대로 시험에 통과 못할 거야."라고 생각하거나 혹은 "난 못해."라고 말이죠. 비록 당신의 재생목록에는 다른 형태의 자기대화가 있다 하더라도 불안할 때는 언제나 비슷한 류의 대화가 아주 큰 볼륨으로 나오게 될 것입니다. 이런 대화는 당신의 생활에서 정해진 사운드 트랙으로 되었을 때 자주 플레이가 됩니다. 그리고 당신이 재미있는 활동이나 특별한 경험을 하지 못하도록 하기 때문에 불안하고 두려운 상태로 지내게 만들지요.

좋은 뉴스는 도움이 되지 않는 이런 트랙을 뒤섞어 버릴 수 있는 방법을 배울 수 있다는 것입니다. 첫 번째 단계는 이런 트랙이 재생될 때

이를 어떻게 알아차리느냐 하는 것입니다. 그리고 그것들이 당신이 어떻게 느끼고 행동하도록 하는지를 이해하는 것이지요. 당신은 이것을 이 장 뒤쪽에 나와 있는 A−B−C−D−E 일지를 만드는 것으로 할 수 있습니다. 일단 당신이 느꼈던 가장 최근의 불안했던 순간을 생각해 보세요. 당신은 어디에 있었나요? 당신이 어디에 있었고 무엇을 하고 있었는지 A칸에 적어 보세요. 다음으로 B칸에는 당신의 불안했던 사운드 트랙을 적어 보세요. 불안을 느끼기 바로 전에 어땠는지, 상황을 겪을 때는 어땠는지를 적어 보세요. 마지막으로 C칸에는 무엇을 느꼈고 무슨 일이 일어났는지를 적으세요. 얼마나 기분(불안했다, 두려웠다, 당황스러웠다)을 강렬히 느꼈는지를 전혀 그렇지 않았다=0부터 매우 강하게 그랬다=10까지 점수를 매겨 보세요. 지금은 D와 E칸은 빈칸으로 남기겠습니다. 이 장의 뒷부분에서 더 설명해 드릴게요.

A−B−C−D−E 일지를 지난 며칠, 몇 주, 몇 달의 일을 A, B, C칸만 채워 보세요. 몇 가지 사건들(A)을 적을 수 있을 것입니다. 마음속에서 어떤 이야기를 했는지 솔직하게 적어 보세요(B). 또 불안한 사운드 트랙은 어떤 감정을 느끼게 하고 행동을 하게 했나요?

불안한 자기대화 구분하기

당신은 자신의 불안한 사운드 트랙이 아무렇게나 재생되고 있다고 생각할 수 있습니다. 그렇지만 당신이 가지고 있는 진짜 음악 목록을 생각해 보세요. 랩, 레게, 록큰롤, 컨트리 뮤직 등 서로 다른 장르의 음악이 있을 것입니다. 당신은 불안의 사운드 트랙이 다양한 스타일로 나

타난다고 보게 될 것입니다. 어떤 청소년은 엄청나게 많은 불안의 사
운드 트랙을 가지고 있는 반면 어떤 청소년은 매우 적게 가지고 있을
수도 있어요. 어떤 스타일은 미래를 예견하는 내용일 수도 있고 어떤
스타일은 다른 사람이 어떻게 생각할까 추측을 하는 스타일일 수도 있
습니다. 또 어떤 스타일은 오로지 안전한 집 같은 장소에서만 나타날
수도 있어요. 왜냐하면 도처에 위험이 도사리고 있다는 생각이 들기
때문이지요. 불안의 사운드 트랙을 많이 가지고 있건 적게 가지고 있
건 그건 중요한 것이 아닙니다. 중요한 것은 당신이 특정한 생각에 친
숙함을 느끼게 되는 것이지요. 일단 당신의 불안의 사운드 트랙을 알
아차리고 구분할 수 있게 된다면 진정된 마음으로 변화시킬 수 있도록
평가하고 바꾸는 단계가 될 수 있습니다. 비록 아래에 있는 변화하는
불안의 사운드 트랙에 대한 생각은 있지만 다음 절에서 좀 더 집중적
으로 다룰 예정입니다. 아래에 나오는 리스트는 청소년들에게 흔히 나
타나는 불안의 사운드 트랙의 다양한 스타일입니다.

책의 맨 앞장과 맨 뒷장

책의 맨 앞장과 맨 뒷장이 의미하는 바는 이 스타일의 불안의 사운드 트
랙은 완전히 반대되는 결과로 그 사이에는 아무것도 없는 것을 의미합
니다. 당신은 "난 1등을 하거나 완전히 꼴찌를 하게 될 거야."라고 생
각할 수 있지요. 그러나 당신이 여기에 대하여 공부를 조금만 하게 된
다면 그 사이에 매겨질 수 있는 점수가 많다는 것을 알게 될 것입니다.
어떤 것도 정말 별로이거나 완전히 좋을 수는 없습니다. 만약 책의 맨
앞장과 맨 뒷장의 사운드 트랙이 마음속에서 자꾸 들린다면 책의 가운

데 부분을 찾아보도록 하세요.

쌍안경

당신이 쌍안경의 한쪽으로 무언가를 훑어볼 때, 모든 일은 더 크게 보입니다. 그러나 다른 반대쪽으로 볼 때는 그게 작아 보일 수도 있습니다. 쌍안경이라는 것은 당신이 두려워하는 어떤 것에 대하여 그것을 과장하거나 혹은 축소시키는 불안한 사운드 트랙의 한 유형입니다. 과장을 할 때에는 일어날 수 있는 최악의 상황을 상상하거나 가능성이 없는 것처럼 느껴집니다. "이 시험은 0점을 맞을 거야. 시험을 망치게 될 것이고 대학에 떨어질 거야."라고 생각할 수 있습니다. 이 예에서 당신은 0점을 받았고 이를 과장하거나 심각한 결과로 만들어 버렸습니다. 축소는 반대의 의미입니다. 모든 것을 작게 만들어 버리지요. 이것은 당신이 긍정적인 부분을 무시하고 자신에게 신뢰를 주지 않을 때 생깁니다. 당신은 "내가 다른 대학에 들어간다면 인정받지 못할 거야. 내가 하버드에 들어가지 못한다면 내 인생은 끝이야."라고 생각할 수 있습니다. 이 예에서 당신은 다른 대학에 들어가서 좋은 것을 최대한 작게 생각을 하고 오로지 특정한 대학에 들어가는 것에만 초점을 맞추었습니다. 축소해 버린 것이지요. 만일 당신의 스타일이 쌍안경이라고 한다면 과장하거나 축소하지 않도록 알맞은 안경을 쓰는 것도 괜찮습니다.

예언

예언은 당신이 알고 있거나 예측할 수 있는 미래를 확신하는 불안의 사운드 트랙입니다. 당신이 진짜로 예언을 하게 된다면 엄청난 일일 수도 있습니다! 물론 당신은 "엄마가 우리한테 아이스크림과 케이크를 저녁 시간에 가져다주지 않으실 거야."와 같은 예견을 할 수도 있습니다. 그러나 대부분의 경우 우리가 예언을 하는 것이 맞지는 않습니다. 만약 예언을 하는 불안의 사운드 트랙이 오랫동안 지속적으로 당신의 마음에 큰소리로 울려 퍼진다면 당신은 다음에 일어날 것에 대하여 재앙으로 예견하기 쉽습니다. 예를 들면 "나는 직업을 갖지 못할 거야."와 같이 말입니다. 그 대신에 만약 당신의 과거 예언 중에 맞는 것이 있었다라고 한다면 당신이 실제로 식스센스를 가지고 있다기보다는 확률적이었다는 것을 생각해 주세요.

독심술

믿거나 말거나 어떤 청소년은 자신이 다른 사람의 마음을 읽을 수 있다고 믿습니다! 그건 아니지요. 그러나 어떤 나쁜 일이 생길 때 그들은 할 수 있다고 생각을 한답니다. 독심술은 많은 청소년들이 가지고 있는 불안의 사운드 트랙이에요. 당신이 다른 사람이 무슨 생각을 하는지 추측하고 있다면 독심술이라는 불안의 사운드 트랙이 돌아가고 있는 것입니다. 남자친구나 여자친구가 무슨 생각을 하고 있는지 확실히 알고 있다고 이야기해 보세요. 아마도 "걔는 분명히 나랑 헤어지고 싶어해. 나를 피하고 있어."라고 생각하겠지요. 당신은 학생이지 점쟁이가 아니라는 사실을 기억하세요.

과잉 일반화

무언가 작은 것을 얻게 되었는데 다른 많은 것들까지 결론을 내린다면 이는 당신의 마음속에서 과잉 일반화가 일어나고 있다는 것입니다. 과잉 일반화는 당신이 너무나 많은 양의 설탕을 차 숟가락에 펐을 때 쿠키를 잘 만드는 것을 망쳐버렸다고 생각하는 것과 비슷합니다. 혹은 당신이 축구를 하면서 싱글 패스를 실패하여 코치가 팀에서 빼버린다는 것을 상상할 때 불안을 느끼기 시작했을 수도 있습니다. 만약 과잉 일반화를 자주 한다면, 어떤 일이 일어나는 데에는 많은 요소들이 작용을 하며 하나의 작은 일만으로는 일어나지 않는다는 것을 기억하세요. 이것이 상황에 대하여 균형 있는 시각을 가질 수 있도록 도와주는 방법입니다.

재앙화

재앙화가 마음속에서 들린다면 일어나는 일에 대하여 끔찍하게 생각을 하게 될 것입니다. 항상 나중에 일어날 일을 굉장한 재앙으로 예측하기 때문에 거의 대부분 불안을 느끼게 됩니다. 심지어 부모님이 이웃이 안전하고 괜찮은 사람들이라고 이야기해도 방 밖으로 긁히는 소음이 들린다면 당신은 곧장 "누군가가 깨부수고 있어!"라고 생각하게 될 것입니다. 무섭게 들릴지 모르겠지만 수백 가지의 지구 멸망에 대한 예언이 있고 그 어떤 것도 맞지 않는다는 것을 아는 것은 도움이 됩니다. 그리고 당신이 믿고 있는 최악의 상황들을 모두 떠올려 보세요. 당신이 옳았었나요? 그렇지 않다면 당신에게 이 스타일의 사운드 트랙이 들릴 때 현실을 체크할 수 있는 데에 도움이 될 것입니다.

'~해야만 한다'라는 당위성

"꼭 그렇게 되어야 돼, 반드시 그렇게 되어야 해, 절대 그렇게 되어서는 안 돼, 결코 그렇게 되어서는 안 돼!" '~해야만 한다'는 불안의 사운드 트랙은 당신을 거칠게 두드립니다. 당신은 모든 것에 대하여 꼭 해야 하거나 하면 안 된다는 생각을 가지고 있을지 모릅니다. 그러나 이렇게 생각하면 잠시 후에 자존심이 떨어지게 됩니다. 만약 무언가를 할 수 있다면 심지어 이전에 했던 것보다 쉬운 것일까 봐 걱정을 시작합니다. 많은 경우, '~해야만 한다'는 생각은 당신의 기준점보다 너무나 높아요. 그래서 당신은 그것을 정말로 해낼 수 있을까에 대하여 너무나 많은 걱정을 시작하게 되지요. "나는 꼭 항상 좋은 성적을 받아야만 해.", "모든 사람이 언제나 나를 좋아해야 해."라는 생각을 할 수도 있습니다. 당신은 꾸준히 이런 기대와 삶을 이루어 나가면서 스트레스를 받고 많이 기쁘지 않았을 거예요. "나는 좋은 성적을 받아야만 해."라는 생각 때문에 친구들과 밖에서 재미있게 놀지도 못했고 "우리가 꼭 이겨야 돼."라는 생각으로 야구 게임에 스트레스를 받았을지도 모릅니다. 당신의 친구들은 당신을 완벽주의자라고 부르고 당신도 그것에 동의할 거예요. 꼭 그렇게 되어야 한다는 생각은 당신에게 너무나 압박감을 주고 불필요하게 불안을 증가시키지요. 마음속에서 꼭 해야만 한다는 사운드 트랙이 들리게 되면 "나는 다르게 하고 싶어.", "다르게 하게 된다면 이게 더……", 혹은 "내가 할 수 있는 데까지 최선을 다해 보자."라고 다른 가능성을 열어두거나 합리적인 생각으로 바꾸어 보세요. 이런 새로운 사운드 트랙이 불안의 정도를 한두 단계 낮출 수 있도록 도울 것입니다. 완벽이 아니라도 좋게 하려고 해보세요. 그동안 좀 더 쉽게 갈 수 있었고 얼마나 좋은 상태에 멀리 떨어져 있었는지 놀라게 될 거예요.

마음 점프(비약)

사실을 알기 전에 마음이 이미 결론에 도달한다면 마음속에 마음 점프란 스타일의 사운드 트랙이 들리는 것입니다(제6장에서 좀 더 많은 내용을 배우게 됨) 친구들이 주말에 무엇을 할 것인지 계획을 세우는 것을 우연히 듣게 되었는데 당신이 다가가니 갑자기 말을 뚝 멈추는 것에 대하여 이야기를 해볼게요. 당신의 불안한 마음은 "친구들이 나를 좋아하지 않아. 놀러가는 데 나를 부르지 않는 것은 그 때문이야."라는 결론에 다다를 것입니다. 당신의 불안은 불안과 대화를 나누는 모든 때에 당신을 불안하게 만들고 기분이 상하거나 속상하게 만듭니다. 만약 마음 점프의 사운드 트랙이 마음에서 들린다면 단계를 건너뛰지 말고 하나씩 생각을 해보세요. 상황이 발생한다면 사실을 수집해 보고 바로 결론으로 마음 점프하는 것이 아니라 서서히 다가가는 것이지요. 일단 당신이 생각하는 실제로 일어날 수 있다고 생각하는 모든 것에 대하여 정보를 모아 보세요.

일반적인 불안의 사운드 트랙을 들었을 때 친근한 느낌이 있었나요? 아마도 많은 것이 당신의 불안한 마음에서 나왔을 것이고 그렇지 않은 것도 있을 것입니다. 이런 것들은 당신의 마음속에서 매우 자주 나타나는 특별한 스타일이라는 것을 깨닫게 될 수 있습니다. 때로는 하나의 사운드 트랙이 두 개의 소리를 낼 수도 있습니다. 마치 "걔는 내가 못생겼다고 생각해."라든지 "나한테 절대 말을 걸어오지 않을 거야."

라는 생각처럼 말이죠. (이것은 독심술과 예언입니다.) 많은 청소년들에게 불안의 사운드 트랙은 매우 자동적이고 부드럽게 재생됩니다. 작동하고 있는지도 모르게 아주 부드럽게 작동하지요. 마음속에 여러 가지 스타일의 불안의 사운드 트랙이 돌고 있다는 것을 알아채는 것은 "그 애는 내가 지루하다고 생각할 거야."라고 생각한 것을 좀 더 명확하게 바꿀 수 있도록 도와줄 수 있습니다. 당신의 스타일이나 불안의 사운드 트랙이 어떤 종류인지 알기 위해서 당신의 A−B−C−D−E 일지를 확인해 보세요. 그리고 나서 일지의 D칸에 각각의 생각들과 관련된 특정한 스타일을 적어 보세요.

원하지 않는 불안의 사운드 트랙 변경하기

당신의 불안의 사운드 트랙이나 자기대화는 왜 당신이 불안하고 두려움을 느끼는지, 그리고 하고 싶음에도 불구하고 피하려고 하는지를 알려주는 큰 부분입니다. 이야기했던 대로 A−B−C 모델은 어떤 사건(A) 이 자기대화(B)를 유발했고 불안과 회피(C)로 가게 되었는지를 알려줍니다. 당신의 불안한 마음이 불안을 만들어 내는 것이지 사건 자체가 불안하게 하는 것이 아니라는 이야기입니다. 클레이의 A−B−C−D−E 일지를 보세요. 클레이는 자신의 불안을 평가하고 그의 능력을 평가 절하(C)한 야구 팀에 합류하는 것이 사건(A)이 아니라는 것을 배웠습니다. 그렇긴 하지만 그것이 클레이의 불안한 사운드 트랙(B)이며 클레이를 불안하게 만들고 수행에 부정적인 영향을 미쳤을 것입니다.

　그래서 진짜 음악을 듣는 것처럼 당신은 불안의 사운드 트랙이 마

클레이의 A – B – C – D – E 일지

A	B	C
나는 농구팀에 합류했다. 그 일은 나의 불안이 시작된 사건이었다. 내가 팀 활동을 하거나 연습을 하는 것을 생각할 때마다 불안해졌다.	경기 때 나는 팀을 망치거나 후보선수로만 있게 되겠지. 이것이 나의 불안한 마음에 지배적인 생각이었다.	나의 불안한 마음의 수준은 7에서 10이다. 내가 자기대화를 들었을 때 정말 걱정이 되었기 때문에 불안을 꽤 높게 평가했다. **나는 좋은 슛을 쏠 수 있다. 어려운 것은 없다.** 나는 내가 쉽게 슛을 던질 수도 안전하게 경기를 치를 수도 있다는 것을 알았다. 내가 만든 불안의 세계를 진짜라고 확신하면서 나쁜 것을 얻고 싶지는 않다.

A : 발생한 사건
B : 믿음(불안의 사운드 트랙)
C : 결과(감정과 생각)

음을 진정시킬 수 있는 새로운 트랙으로 바뀔 수 있도록 별명을 붙이고 뒤섞어 버릴 수 있습니다. 아마도 당신은 음향 기술자가 음악과 가사를 배치하는 음악의 프로듀서라는 것을 알고 있을 것입니다. 작업을 시작하면 음향 기술자는 음악과 가사를 나누고 너무 큰 소리, 너무 작은 소리, 너무 정적인 소리들을 분별해 냅니다. 그리고 소리가 좋아지고 화음이 잘 어울리도록 섞는 것이지요. 이런 절차가 완료되면 음향 기술자는 최종본을 만들고 노래를 익힙니다. 이런 과정이 불안의 사운드 트랙을 다시 구성하는 단계와 비슷합니다.

불안의 사운드 트랙을 변화시키는 것을 배운다는 것은 몇 가지 기술과 연습이 필요합니다. 어쨌든 이런 것들이 오랫동안 소리를 내고 있었다는 것이지요. 이 책에서 배운 몇 가지 방법이 불안의 사운드 트랙을 재구성하는 데에 도움이 될 것입니다. 그것에는 복식 호흡, 점진적 근육 이완법, 심상법, 휴식, 간식 먹기 등과 같은 것이 있지요. 일단 당신의 불안한 몸을 차분하게 하고 다음에 보게 되는 마음을 진정시키는 방법을 이용하여 불안의 사운드 트랙을 좀 더 낮게 재구성할 수 있을 것입니다.

반대되는 증거 찾기(사실 대 견해)

당신의 불안한 사운드 트랙을 재정비할 수 있도록 돕는 첫 번째 방법은 반대되는 증거 찾기입니다. 이 방법은 사실과 견해의 차이를 배우는 것을 포함하고 있습니다. 사실은 진실과 거짓을 결정지을 수 있습니다. 반면 견해는 진실과 거짓을 평가하기가 어렵지요. 때때로 일어난 사건들에 대한 사실은 진실입니다. 그렇지만 견해는 맞지 않는 경우가 많고 또 균형 잡혀 있지 않기도 하지요. 예를 들어 어떤 청소년은 커닝을 하기도 하고 어떤 청소년은 그렇게 하지 않습니다. 이런 것들은 사실입니다. 당신이 시험을 망치고 이후에 열심히 공부를 하게 되었다라는 이야기는 견해입니다. 당신의 불안의 사운드 트랙이 들려주는 소리가 사실인지 견해인지를 결정하는 데 도움이 되는 방법은 다음 단계에 따라 스마트하게 생각하기 체크리스트를 만드는 것입니다.

1. 제일 위쪽에 당신의 불안의 사운드 트랙을 적습니다.

2. 다음 중간쯤으로 내려와서 두 개의 칸을 만듭니다. 이것을 T－차트라고 부릅니다.

3. 왼쪽 칸에는 '지지하는 증거'라고 적고 당신의 불안의 사운드 트랙이 하는 이야기의 진실과 옳다고 생각하는 내용을 적어 봅니다.

4. 오른쪽 칸에는 '반대되는 증거'라고 적고 당신의 불안의 사운드 트랙이 하는 이야기의 거짓과 틀리다고 생각하는 내용을 적어 봅니다.

5. 그리고 나서 스스로에게 세 가지 질문을 해봅니다. 일어날 것이라고 생각하는 게 무엇일까? 그 일이 일어날 확률은 얼마나 될까? 더 일어나기 쉬운 일은 무엇일까? 당신의 생각들을 아래에 있는 두 칸에 적어 봅니다.

6. 지금 무엇을 생각하고 있나요? 처음에 가졌던 불안의 사운드 트랙이 확실한 사실이었나요, 아니면 견해였을 뿐인가요? 만약 그것이 견해였다고 한다면 오로지 사실만을 가지고 재정리해 보고 이러한 상황에 대하여 정확하게 발전시켜 봅니다.

7. 당신의 T－차트 아래쪽에 새롭게 재정리한 생각을 적어 보세요.

이 방법들은 대부분의 불안의 사운드 트랙을 다루는 데 괜찮은 방법입니다. 그러나 만일 당신이 틀리거나 아닌 것에 대한 증거(반대되는 증거를 의미함)가 너무나 많아서 어려움을 겪는다면, 이것이 친구의 일이라고 가정하여 그 친구가 이 불안의 사운드 트랙이 진실이 아니란 사실에 대한 증거를 찾고자 할 때 어떻게 이야기해 줄 것인가를 생각해 보세요. 때때로 다른 사람의 일인 경우 우리는 그것을 더 명확하고 객관적으로 평가할 수 있다는 것을 알 수 있습니다. 만약 당신이 좋은 방향으로 재정리하는 것에 여전히 어려움을 느낀다면 도움을 줄 수 있는 부모나 친구들에게 불안의 사운드 트랙과 재정리한 사운드 트랙에 대하여 이야기를 나누어 보세요.

특정한 상황에서의 증거를 평가하는 것은 확실히 판결에서 피고인 변호사와 원고인 변호사에게 이야기하는 주어진 정보를 배심원들이 어떻게 활용할 것인가와 비슷합니다. 증거를 평가하는 것은 견해와 비슷한 감정에 혼란을 겪지 않도록 주의하는 것이고 사실에 근거하는 것입니다. 이것은 마치 판사가 선고하는 것과 비슷합니다. "피고는 스스로나 배심원들에게 거짓말을 하지 않았기 때문에 무죄를 선고한다."라고 하는 것이지요. 이는 엘리가 열심히 공부했음에도 불구하고 수학시험에서 형편없는 점수를 받았을 때와 같습니다. 엘리의 마음은 엘리에게 "시험을 잘 치지 못했다."라고 옳은 소리를 할 것입니다. 엘리는 실수를 했고 좋은 성적을 받지 못한 것이지요. 그러나 "나는 형편없는 학생이고 수학을 절대 잘할 수 없어."라고 잘못된 이야기를 할 수도 있습니다. 이것이 바로 견해입니다. 그것은 옳은 소리도 아닐뿐더러 엘리가 너무나 불안을 느끼도록 만들어 버리지요. 아래의 엘리의 체크리스트를 보고 엘리는 자신의 불안의 사운드 트랙을 어떻게 평가했으며 지지하는 증거와 반대하는 증거를 어떻게 활용하여 재정리했는지 살펴보세요.

엘리의 스마트하게 생각하기 체크리스트

나의 불안의 사운드 트랙 : 나는 형편없는 학생이고 수학을 절대 잘할 수 없어.

마음을 진정시키는 방법 : 맞는 증거와 반대되는 증거

맞는 증거	반대되는 증거
• 나는 첫 번째 시험을 망쳤다. • 나는 매주 과외를 받고 있다.	• 나는 두 번째 시험을 잘 봤고 세 번째 시험에서도 93점을 받았다. • 과외 선생님은 내가 개념을 잘 이해하고 있다고 이야기하셨다. • 과외를 한다는 게 내가 부족한 학생이라는 것을 의미하지는 않는다. • 과외는 내가 수학을 더 잘 이해하고 시험을 볼 때 더 쉽고 잘 해결할 수 있도록 도움을 준다.

맞는 증거 검토 : 무슨 일이 일어날 것이라고 생각하는가에 대한 대답으로 처음에 나는 내가 형편없는 학생이 될 것이라고 생각을 했다. 왜냐하면 나는 중간고사를 망쳐버렸으며 확실히 반에서 수학을 못하는 아이가 될 것이기 때문이다. 그러나 정말 성적이 나쁠 것인가에 대한 확률을 생각해 보면 나는 열심히 공부를 했고 과외도 받았다. 그래서 반에서 석차가 아주 나쁘지 않을 수도 있겠다는 생각이 든다.

반대되는 증거 검토 : 나는 올해 첫 번째 시험을 그다지 잘 치지 못하여 순조롭게 시작하지는 못했다. 그러나 그 이후로 나는 열심히 노력을 했다. 과외 선생님도 내가 개념을 잘 이해하고 있다고 말씀하셨다. 성적이 나쁘지 않기 때문에 반에서 나쁜 석차는 아닐 것이다.

책임 파이

불안의 사운드 트랙을 재정비하는 데에 사용할 수 있는 다른 방법은 **책임 파이**입니다. 때론 불안함을 느끼는 청소년들은(어른도 마찬가지입니다만!) 자기가 할 수 있는 것 이상으로 과도하게 책임감을 느낍니다. 이런 청소년은 무엇이든 확실히 잘해야 한다고 생각하며 일이 잘못되면 안 된다는 것에 부담을 느끼게 됩니다. 어떤 상황이 주어져도 결과에 대한 책임이 100% 자신들에게 있다고 믿습니다. 당신이 상상할 수 있다면 불안하고 궁지에 몰린 마음에서 벗어날 수 있습니다. 다행스럽게도 책임 파이라는 방식은 다른 요소들을 생각하게 함으로써 책임감을 다시 조정할 수 있도록 도와줍니다. 이 파이는 당신이 혼자서 판단하는 것이 결과에 대한 책임이 아니라는 것을 볼 수 있도록 돕습니다. 무언가 일이 잘되지 않았을 때 책임을 나누면 좀 더 죄책감을 덜어 줄 수 있습니다. 그리고 100% 당신이 책임감을 느끼는 불안의 사운드 트랙이 들린다 하더라도 '반드시 그래야만 한다.'라는 책임감이 일을 잘 처리하는 것은 아니라는 것을 명심하세요.

당신의 책임 파이를 만들기 위해서는 당신을 불안하게 만들었던 좋지 않은 상황을 기억해 보세요. 그리고 아래 단계에 맞추어 당신의 스마트하게 생각하기 체크리스트를 작성해 보십시오.

1. 기분을 좋지 않게 한 결과를 유발한 요인들을 가능한 한 많이 적어 놓습니다. (아니면 아직 발생하지 않았다 하더라도 그런 결과를 만들 수 있는 잠재적인 것들을 적습니다.)
2. 목록의 아래로 내려가 얼마나 많이(퍼센트로 표시) 각각의 요인이

결과를 만들어 냈는지, 혹은 만들어 낼지 적어 봅니다.

3. 이제 얼마나 많이(퍼센트로 표시) 당신이 그 결과를 만들도록 했다고 믿는지를 적어 봅니다. 상황을 객관적으로 보려고 노력합니다.

4. 모든 요인과 각각의 책임에 대한 검토를 합니다. 당신의 퍼센트와 비교를 합니다. 다른 요인과 비교했을 때 당신이 얼마나 책임이 있나요? 모두 더했을 때 총합은 100%가 되게 만듭니다.

5. 새로운 정보를 활용하여 당신뿐만이 아닌 모든 요인에 대한 정확한 사운드 트랙을 적습니다.

책임 파이를 이용하여 당신의 불안한 마음의 사운드 트랙을 어떻게 재정리할 수 있는지에 대한 아이디어를 얻고자 한다면 아래의 다시의 체크리스트를 참고하세요.

다시의 스마트하게 생각하기 체크리스트

나의 불안의 사운드 트랙 : 내 친구가 힘든 시간을 보냈다. 그것은 내 탓이다.

마음을 진정시키는 방법 : 책임 파이

요인	책임감
날씨가 나빴다.	20%
메리가 짜증이 났다.	15%
영화가 진짜 재미없었다.	30%

| 학교가 스트레스를 주고 우리는 기분이 나쁘다. | 25% |
| 나에게 책임이 있다. | 10% |

재정리한 사운드 트랙 : 나는 내 친구가 힘든 시간을 보낸 것에 대하여 약간의 책임을 느끼고 있어. 많은 다른 요소가 우리가 함께 보냈던 시간에 좋지 않은 영향을 주고 있었어.

타임머신(파국화 되돌리기)

타임머신은 이미 마음을 진정시키는 방법에서 다루었습니다. 세계 종말에 대한 불안의 사운드 트랙이 돌아갈 때 당신은 순간적인 파국에 가상의 작은 결과를 만들 수 있습니다. 타임머신은 미래를 매우 짧게 보여줌으로써 당신의 불안을 덜어 줄 수가 있는 것이지요. 시간은 순간적으로 재앙처럼 느껴지는 어떤 것에 대한 균형 있는 관점을 보여주기도 합니다.

타임머신을 이용하기 위하여 최근에 기분이 좋지 않았던 때를 생각
해 보고 아래의 단계에 맞춰서 완성해 보세요.

1. 사건과 불안의 사운드 트랙을 적어 봅니다.
2. 다음 칸에 "그 시점에서 그 사건과 내가 믿고 있는 그 불안의 사운
   드 트랙이 중요한가?"를 적습니다.
3. 그다음 칸에 "한 시간 안에 그 사건과 내가 믿고 있는 그 사건과
   나의 믿음이 얼마나 중요해질까?"를 적습니다.
4. 그다음으로 내려가서 "오늘 안에 그 사건과 내가 믿고 있는 그 사
   건과 나의 믿음이 얼마나 중요해질까?"를 적습니다.
5. 계속해서 이런 질문들을 적습니다 : 이번 주, 이번 달, 5년, 10년
6. 아래와 같은 측정점수를 가지고 각각의 질문에 점수를 매겨 보
   세요.

1	전혀 관심없다.
2	확실히 중요한 것은 아니다.
3	약간 중요하다.
4	중요한 편이다.
5	중요하기는 하지만 인생이 뒤바뀌는 건 아니다.
6	중요하긴 해도 더 중요한 일이 있다.
7	중요하며 나는 심각하게 받아들인다.
8	매우 중요하다.
9	정말정말 중요하다.
10	나의 삶과 내가 사는 이 세상이 생각보다 의존적이다.

7. 당신이 매긴 점수를 검토해 보세요. 당신의 현재, 가까운 미래, 먼
   미래 사이에 차이가 있나요? 만약 이 사건과 당신의 불안의 사운
   드 트랙이 더 이상 의미가 없거나 없어질 것이라고 한다면 새롭게
   균형 잡힌 재정리된 사운드 트랙을 이용하세요. 아래와 같은 예
   를 활용합니다.

비록 _____

_____(사건 적기)은 내가

_____

(불안의 사운드 트랙이 하는 이야기 적기)라고 생각하게 만들었지
만, 시간이 지나면 별일 아닌 일이 될 것이다. 사실 _____

_____

_____

(시간의 양 적기) 만큼 시간이 흐르면 이것은 중요한 일이 아니게
될 것이고 _____

_____

(시간의 또 다른 양 적기) 만큼 시간이 흐른다면 그것은 기억도 나
지 않을 만큼 중요하지 않은 사건이 될 것이다.

 79쪽에 있는 민의 사례를 보는 것으로 타임머신을 이용하여 불안의
사운드 트랙을 재정리할 수 있게 도움을 받을 수 있을 것입니다.

민의 스마트하게 생각하기 체크리스트

사건 : 난 아담에게 숙제를 좋아한다고 이야기했다.

나의 불안의 사운드 트랙 : 나는 내가 그렇게 말했다는 것을 믿을 수 없다. 그는 내가 얼간이라고 생각할 것이다. 나는 절대 남자애들과 어울릴 수 없을 것이다.

마음을 진정시키는 방법 : 타임머신

질문	불안 점수(1~10)
이 순간 이 사건과 나의 불안한 마음의 소리는 얼마나 중요한가?	9
한 시간 동안 이 사건과 나의 불안한 마음의 소리는 얼마나 중요한가?	9
하루 동안 이 사건과 나의 불안한 마음의 소리는 얼마나 중요한가?	7
한 주 동안 이 사건과 나의 불안한 마음의 소리는 얼마나 중요한가?	5
한 달 동안 이 사건과 나의 불안한 마음의 소리는 얼마나 중요한가?	3
1년 동안 이 사건과 나의 불안한 마음의 소리는 얼마나 중요한가?	2~3
5년 동안 이 사건과 나의 불안한 마음의 소리는 얼마나 중요한가?	1
10년 동안 이 사건과 나의 불안한 마음의 소리는 얼마나 중요한가?	1

나의 **재정리된 마음의 소리** : 내가 아빠에게 숙제를 좋아한다고 하여 아빠가 나를 멍청하게 생각하거나 남자애들과 어울리지 못한다 하더라도 시간이 지나면 중요한 일이 아니게 될 것이다. 사실 한 달만 지나도 그건 그다지 중요한 일이 아닐 것이다. 그리고 몇 년이 지나면 아마도 잊어버릴 것이다.

자신감 키우기(어떻게 관리할 것인가)

마음을 진정시키는 마지막 방법은 자신감 키우기입니다. 당신의 불안한 마음이 세상의 종말 트랙을 재생시키고 있다면 견디기 어려운 상황과 관리할 수 없을 것 같은 생각이 혼합됩니다. 그러나 불안을 가진 많은 청소년은 이를 극복하기 위한 자신의 능력을 과소평가합니다. 자신감 키우기는 사건이 일어날 때 두려워하는 상황을 다루는 것에 도움을 주며 거친 상황에서도 당신의 능력 안에서 할 수 있다는 자신감을 높여 줍니다. 당신이 상황을 이끌어 갈 수 있다는 것을 아는 것은 당신의 걱정의 수레바퀴를 확실히 느리게 가도록 합니다.

자신감 키우기 방법을 사용하기 위하여 아래의 단계에 맞춰 작성해 보세요.

1. 당신이 일어날 것이라고 걱정하는 일을 적어 보세요. (당신이 재정리할 불안의 사운드 트랙입니다.)
2. 다음으로 그 일이 일어났을 때 당신이 할 수 있는 모든 방법을 적어 보세요. 당신이 할 수 있는 한 많이 브레인 스토밍을 합니다. 무엇이 생각나나요? 만약 나쁜 일이 생긴다면 그것을 다룰 수 있다는 자신감이 생기나요?

3. 마지막으로 한두 줄 정도 이런 안 좋은 상황에 대처할 수 있다고
   스스로의 마음을 상기시켜 봅니다.

바비가 어떻게 자신감 키우기 방법을 사용했는지 보도록 할게요.

바비의 스마트하게 생각하기 체크리스트

나의 불안의 사운드 트랙 : 만약 친구들이 나를 비웃는다면 너무 당황스럽고 아무것도 할 수 없을 것이다.

마음을 진정시키는 방법 : 자신감 키우기

> 그것을 어떻게 다룰 것인가!
>
> 이전에도 이런 일은 잊어났고 시간이 지나면 저절로 사라졌던 것을 기억하자. 거스와 스테파니와 이야기를 해보고 친구들이 내가 곤경에 빠졌을 때 도움을 줄 수 있는지 물어볼 수 있다. 그리고 선생님께 내가 그 상황을 모면할 수 있게 도와주실 수 있는지 여쭤 볼 수도 있다. 선생님이 다른 친구들에게 이야기하는 것은 싫고 그냥 이런 상황은 나뿐만 아니라 다른 아이들에게도 일어날 수 있다고 이야기해 주셨으면 좋겠다.

나의 재정리된 마음의 소리 : 당황스러움을 다루기 위하여 많은 것을 할 수 있다. 과거에도 당황스러웠던 경험이 있고 잘 해결해 왔다. 그러니 이번에도 나는 해낼 수 있다.

스마트하게 생각하고 용기 있게 행동하기

이 장에서는 도움이 되지 않는 불안한 마음의 소리와 사운드 트랙이

당신이 느끼는 불안한 마음 그리고 무언가 해야 할 일임에도 피하려고 하게 만드는 것에 대해 이야기했습니다. 그러면서 당신은 당신의 불안한 사운드 트랙을 재정리시키고 마음을 진정시키는 방법에 대해서도 배웠습니다. 당신이 자신감을 느끼기 위하여 이런 방법들을 사용하여 마음을 빠르게 진정시킬 수 있고 우리는 A-B-C-D-E 일지나 원하지 않는 불안한 마음을 매일 재정리할 수 있도록 마음을 진정시키는 방법을 몇 가지 추천하였습니다. 다음 장에 샘플로 나와 있는 A-B-C-D-E 일지를 노트, 컴퓨터, 잡지 같은 곳에 붙여두고 자주 사용하는 시작을 해보십시오. 빠르게 당신의 불안을 없애도록 든든한 후원자처럼 도움을 줄 것입니다. 무언가 당신의 불안한 마음을 휘젓는다면 일지를 이용하여 A, B, C칸에 적으세요. 그리고 가능한 한 빨리 D, E 각각의 칸에 각기 다른 마음을 진정시키는 방법을 적으세요. 이런 작업을 여러 번 하고 나서 당신에게 맞는 방법이 무엇인지 결정하면 됩니다. 모든 방법이 다 괜찮을 수도 있고 많은 상황에서 어떤 특정한 방법이 마음을 진정시키는 데에 도움이 될 수도 있습니다.

　며칠 동안 연습을 해본 후, 당신이 원하지 않는 불안한 마음의 소리를 재빠르게 알아차릴 수 있는지 보고 마음속으로 A-B-C-D-E 일지를 적어 봅니다. 이것이 의미하는 바는 자동적으로 '스마트하게 생각하기'를 드디어 할 수 있게 되었다는 것이지요. 그러나 스마트하게 생각하기가 단순한 하나의 목적을 가지고 있는 것은 아닙니다. 다른 목표는 행동을 하도록 변화하는 것이지요. 스마트하게 생각하기를 배운 만큼 불안함을 덜 느끼게 될 것이고 피하고 싶었던 일에 대하여 해볼 만한 준비가 되었을 것입니다. 우리는 이것을 '용기 있게 행동하기'

라고 이야기를 하고 있고 여기에 대해서는 다음 장에서 다루어 보도록
하겠습니다.

나의 A–B–C–D–E 일지

A	B	C	D	E

A : 사건
B : 믿음(불안의 사운드 트랙)
C : 결과(감정과 행동)
D : 불안의 사운드 트랙 없애기(마음을 진정시키는 방법)
E : 불안의 사운드 트랙 없앤 효과(나의 재정리된 마음의 소리)

CHAPTER 5

한 번에 한 단계씩 두려움에 직면하기

당신이 어떤 물체나 상황을 피한다면 **공포증**을 가지고 있을 수 있습니다. 공포증은 지속적이고 특정한 대상, 활동, 상황 등에 대하여 합당하지 않은 두려움입니다. 엘리의 경우에는 특정한 물체인 거미를 피합니다. 바비는 파티에 가거나 수업시간, 질문에 손을 드는 것을 피합니다. 왜냐하면 바비는 친구들이 자기를 비웃거나 바보라고 생각할까 봐 겁이 나기 때문이죠. 민은 학교에서 문고리를 잡거나 난간 잡는 것을 피합니다. 끔찍한 질병에 걸릴 것 같은 두려움 때문이죠. 또 다시는 사람이 가득 있는 방이나 엘리베이터를 피하는데 그 이유는 공간이 꽉 차 있는 것을 무서워하기 때문입니다. 마지막으로 클레이의 이야기를 해볼까요. 비록 클레이는 특별히 물건이나 상황을 피하지는 않지만 운동 성적과 미래의 자기 성적에 너무 많은 걱정을 하고 있어요. 클레이는 매주 너무 오랜 시간 동안, 다른 사람들보다 자기가 훨씬 더 많은 걱정을 하고 있는 것을 알고 있어요. 불안이 최고조에 다다르면 학교에 가지 않거나 농구팀 연습에 빠지는 등의 회피나 그만둬 버리겠다는 생각을 하기 시작합니다.

무언가를 피하는 것을 불안해하는 사람들이 모두 그런 것은 아니지만 만약 당신이 그렇다면 그것에 직면하는 것이 공포증을 극복하는 데 매우 효과적일 수 있습니다. 어쩌면 당신은 절대로 두려움에 직면할 수 없을 것이라고 생각할지도 모르겠습니다. 불가능한 일처럼 보일 수 있어요. 그렇지만 많은 경우 한 번에 한 발자국씩 움직인다면 우리는 할 수 있어요. 이 장에서는 자기만의 두려움 직면 계획을 세우는 것에 대해 배우게 됩니다. 그 계획은 삶에서 매우 큰 부분을 차지하고 있는 크고 작은 두려움을 마주할 수 있는 전반적인 과정을 통해 당신을 이끌어 줄 것입니다. 두려움을 피하기보다 마주하는 것이 더 중요하다는 것과 한 번에 한 발자국씩 두려움에 다가가는 방법을 이야기하겠습니다.

어떻게 걱정하게 되는지 배우기

믿거나 말거나 당신의 마음은 무언가를 두려워하거나 두려워하지 않도록 프로그래밍이 되어 있습니다. 선사시대부터 인간은 독사, 맹수, 높은 곳, 포식자가 숨어 있는 어둠, 포식자로부터 도망치기 어려울 정도로 가까운 거리와 같이 생존에 위협이 되는 어떤 사물이나 상황에 두려움을 느껴왔습니다. 우리는 이것을 **준비된 불안**이라고 부릅니다. 준비된 불안은 선천적이고 하드웨어 같은 종류의 두려움입니다. 사람들은 새끼 고양이, 막대사탕, 무지개, 전구 같은 것에는 덜 불안해합니다.

그러나 우리는 그 어떤 것이라도 불안으로 느낄 수 있습니다. 심지어 선천적인 불안의 대상이 아니라 하더라도 말이죠. 어떤 것에 대하여 불안을 배우는 것은 세 가지 다른 방식으로 이루어질 수 있습니다. 그것은 개인적 경험, 관찰, 무언가로부터의 반복된 경고 등입니다. 개인적인 경험은 많은 것을 가르쳐 줍니다. 만약 우리가 무언가에 대하여 나쁘고 끔찍한 경험을 했다면 확실히 두려움을 배우게 됩니다. 예를 들어, 우리가 난기류를 경험한 후 비행기가 두려워졌다면 비행기를 타는 것을 겁내게 됩니다. 또 다른 것들을 관찰하는 것으로도 두려움을 갖게 된답니다. 그렇기 때문에 무언가를 무서운 것으로 보게 된다면 그 또한 학습이 이루어지는 것이지요. 일례로 만약 당신이 비행기를 타는 동안 부모 중 한 분이 극심한 공포를 느끼는 것을 보았다면 비행기를 탔을 때 자신은 전혀 나쁜 경험을 하지 않았다 하더라도 비행을 두려워하게 될 것입니다. (두려움은 가족에서 잘 발생하는 경향이 있기 때문에 다른 가족이 두려워하는 것을 보는 것만으로도 두려워질 수 있음) 우리가 불안을 배우는 또 다른 방식은 타인이 반복적으로 어떤 것이 위험하다고 이야기하기 때문입니다. 예를 들면 어떤 아버지가 자식에게 비행기를 타는 것은 무서운 일이라고 말한다면 그는 비행을 두려워하게 됩니다.

불안을 학습하는 것은 쉽게 일어납니다. 이 예를 보세요. 어느 날 당신이 이웃의 마당을 가로질러 지름길로 가는데 그 집 마당의 엄청 큰 래브라도 리트리버 개가 짖으며 달려옵니다. 그 개는 당신을 물지 않았을뿐더러 무서워하기까지 합니다. 당신이 만일 매우 위협을 받았다면 당신의 마음은 '커다란 래브라도 리트리버는 두려운 것'이라고 학습하고 마음에 새길 것입니다. 그 이후로 이웃집 래브라도 리트리버를 두려운 존재로 생각하게 될 것이고 무서움을 느끼기 시작할 것입니다.

당신은 이런 기분을 느끼고 싶지 않겠지요. 그래서 이웃집 개를 피하게 될 것이며 비슷한 개만 봐도 피하는 것으로 불안을 통제하는 방법을 배우게 됩니다. 이윽고 당신은 이 작은 불안 때문에 모든 래브라도 리트리버를 피하게 될 것입니다. 그리고 나중에는 모든 개를 멀리하게 됩니다. 이렇게 되면 성견 공포증을 얻게 됩니다. 당신의 불안한 마음은 안전하다 하더라도 개는 두려운 존재라는 것을 배우게 되고 개에 대한 두려움은 깊숙이 자리하게 됩니다. 그러나 당신은 이런 깊은 두려움을 극복할 수 있고 한 번에 한 단계씩 직면하는 것이 가장 좋은 방법입니다.

왜 두려움에 직면하나요

위협적인 상황이나 사물을 계속적으로 피하는 것은 공포증을 지속시키는 것입니다. 불안한 마음을 극복하는 기회를 얻지 못하면 학습한 두려움을 없앨 수 없어요. 위협적인 상황이나 사물을 피하는 것은 즐길 수 있는 것에서 멀어짐으로써 삶을 제한할 수도 있어요. 직면하는 것보다 더 잘 극복할 수 있는 방법은 없습니다. 특히 계획성을 가지고 한 걸음씩 간다면 더 좋지요. 제리 스피넬리의 책 **실패자**(*Loser*)에 나오는 소년인 도널드 친코프처럼 어떤 사람들은 스스로 잘 깨닫습니다. 도널드는 기발하지만 지하실에 있을 때는 두려움의 용광로에 있는 것처럼 죽을 만큼 힘듭니다. 그러던 어느 날 도널드는 두려움을 극복하기로 하고 계획을 세웠습니다. 매일매일 그는 두려움과 맞딱뜨릴 때까지 조금씩 지하실로 내려가기로 했습니다.

도널드와 같은 두려움과 마주하는 계획은 쉽지 않습니다. 두려움에 직면하기란 많은 것을 요구하죠. 그러나 또 많은 것을 돌려주기도 합니다. 첫째, 두려움을 극복하는 것은 좋은 일이에요. 엄청난 자신감이 붙습니다. 두려움을 극복한 후 우리는 당신이 스스로 매우 자랑스러워질 것이라고 장담할 수 있어요. 그리고 일반적으로 당신이 두려워하던 것들 외에도 많은 것들에 대해 자신감을 갖게 될 것입니다. 시험에 대하여 덜 불안해할 것이고 친구와 놀러가는 것에서도 불안을 덜 느끼게 될 것입니다. 그리고 아마도 대학에 입학하는 것이나 첫 직장을 얻는 것에서도 불안을 덜 느끼게 될 것입니다.

둘째, 당신은 두려움이 시간이 지남에 따라 사라진다는 것을 배울 수 있을 것입니다. 이번 장에서는 당신에게 많은 시간을 할애할 것인데 그 이유는 대부분의 어려운 것들은 이런 방식으로 다룰 수 있기 때문이죠. 처음에는 어렵지만 당신이 견뎌낸다면 대체적으로 좀 더 쉬워질 것입니다.

마지막으로 두려움을 극복하는 것은 좋은 의미로 사람들의 관심을 얻게 됩니다. 부모, 형제자매, 친구, 그리고 선생님 들은 당신을 새로운 시선으로 보게 됩니다. 그들은 당신을 '할 수 있는' 용감한 사람으로 볼 것이며 또 어려운 상황에 좋은 태도를 지닌 사람으로 생각할 것입니다. 그런 기분도 좋습니다. 당신을 '할 수 있는' 사람으로 여기는 것은 당신이 두려움을 극복하고자 하는 모든 것에 도움을 줄 수 있습니다. 오랜 기간 당신이 직면하고 있었던 두려움에 시간을 소비하는 것과 짧은 시간 동안이라도 불편감을 느끼지 않는 것을 생각해 보십시오. 그리고 그 이유를 써보세요.

나는 내가 왜 거미에 대한 두려움에서 벗어나고 싶어 하는지에 대한 모든 이유를 생각해 보았어요. 마치 "맨발로 집에서 걸어다니고 싶다." 혹은 "거미가 내 몸에 기어오르는 것이 무서워서 두꺼운 이불을 덮고 자고 싶지 않다." 처럼요. 그러나 가장 중요한 이유는 엄청난 수의 거미가 있는 남아프리카로 수학 여행을 떠나고 싶었던 거죠.

―엘리, 14세

냉철하게 생각하고 용감하게 행동하기

제4장에서 설명했던 것처럼 불안한 마음은 당신의 삶에서 두려움을 강력하게 유지시키는 주요한 역할을 하게 됩니다. 일반적으로 만약 당신이 특정한 사물이나 상황을 두려워한다면 그것은 마음속에서 둘 중 하나의 방식을 배웠다고 할 수 있을 것입니다. 첫 번째 스타일은 마음 점프입니다. 생각해 보면 사실에 당면하기도 전에 먼저 두려운 결과로 불안한 마음 점프를 했을 것입니다. 대부분의 두려운 결과로 마음 점프를 하는 평범한 불안한 청소년들은 나쁜 일이 일어날 것만 같이 느껴집니다.

두 번째 스타일은 극단적인 생각입니다. 이것은 불안한 마음이 당신에게 나쁜 것이 단순히 나쁜 것이 아니라 끔찍하고 위험천만한 실재의 재앙이라고 말을 하고 있다는 것입니다. 이런 경우 당신은 어쨌든 발생한 일은 다루기가 너무 어렵고 절대로 살아남을 수 없다고 믿습니다.

이 장의 뒷부분에는 두려움에 맞서는 계획을 어떻게 만들어 갈 수 있는지 배우게 됩니다. 이 계획은 스마트하게 생각하기 체크리스트, 두려움의 사다리와 같은 몇 가지 방법으로 나누어져 있습니다. 첫째,

당신의 불안한 마음을 바꾸기 위하여 마음을 진정시키는 방법으로 돌아가서 다시 한 번 살펴봅니다. 이것은 제4장에서 배웠기도 하고 이 장의 뒷부분에서도 다루게 됩니다. 맞는 증거 찾기와 반대되는 증거 찾기 방법은 마음 점프를 할 때 마음을 바꿔 주는 데에 효과가 있습니다. 또 실재하는 문제들과 주관적인 감정 사이에 어려움이 있다는 것을 알려 주는 것으로 사용하게 됩니다. 사실들은 사건에 대한 증거들이라는 것을 생각해 보세요. 사실은 진짜인지 거짓인지를 가릴 수 있습니다. 한편 주관적인 감정은 우리가 보는 방식일 뿐 진짜인지 거짓인지 구분하기 어렵습니다. 예를 들어, 다시는 자신이 탄 엘리베이터에 사람이 가득 차 있으면 숨이 막혀 죽을 거라고 믿고 있습니다. 다행히도 다시는 맞는 증거 찾기와 반대되는 증거 찾기 방식으로 자신의 마음 점프를 변화시킬 수 있었습니다.

당신을 도와줄 또 다른 방법인 재앙 변화시키기는 자신감을 북돋우는 것을 포함하고 있습니다. 이 아이디어는 당신이 할 수 없다고 스스로에게 말을 하거나 상황이 불확실하다거나 끔찍하다고 하는 대신 어떻게 상황을 통제할 것인가에 집중하고 있습니다. 당신이 제4장에서 읽었던 것처럼 바비의 불안한 마음은 세상이 끝났다라는 생각 때문이었습니다. 바비는 자기네 반 모든 친구가 질문에 틀린 답을 하면 비웃을 것이라는 생각에 사로잡혀 있었습니다. 바비는 비록 한두 명의 친구가 웃었다는 것을 알고 있음에도 그 상황을 조절할 수 있다고 믿습니다. 바비는 다음과 같은 생각을 하며 불안한 마음을 자신감 넘치게 변화시켰습니다. "나는 당황스러운 많은 상황을 조절할 수 있어. 과거에도 그랬었기 때문에 이번에도 그럴 수 있어."

다시의 스마트 체크리스트

나의 불안 : 나는 엘리베이터에 사람이 많으면 질식해 버릴 것이다.

고요한 마음 도구 : 증거대기와 반박하기

맞는 증거	반대되는 증거
사람들이 가득한 엘리베이터 속에서 나는 숨을 쉴 수 없을 것 같다.	• 엘리베이터는 밀폐되어 있지 않다. • 만약 사람들이 엘리베이터 안에 가득하다면 아마도 어떤 경보가 울릴 것이다. • 내 친구들에게 엘리베이터 안에서 질식사할 것 같은지 물어본다면 모두들 '아니다.'라고 답할 것이다. • 만약 사람들이 엘리베이터 안에서 질식한다면 정부는 엘리베이터를 불법화시키거나 그 안에 무언가 공기 장치를 달 것이다. • 엘리베이터는 여전히 합법적인 것이고 나는 공기 장치를 본 적이 없다. • 엘리베이터 안에 사람이 가득하다면 안에 있는 공기는 따뜻해질 것이며 공기가 나를 질식시킬 것이다. 그러나 그것은 내가 충분히 공기를 들이마시지 못할 뿐이지 내가 질식하고 있다는 것을 의미하는 것은 아니다. 그것은 아마도 내가 불안하다는 의미일 것이다!

나의 변화된 마음 : 엘리베이터는 밀폐되어 있지 않기 때문에 공기는 언제나 안에서 순환하고 있다. 내가 불안할 때 나는 내가 질식할 것처럼 느끼지만 사실 그저 불안할 뿐인 것이다. 엘리베이터에서 질식한 사람은 아무도 없다.

이 장의 끝에서 당신의 스마트하게 생각하기 체크리스트를 완성하면 당신의 불안을 좀 더 단순화시킬 수 있습니다. 왼쪽 칸에는 당신의 마음을 편하게 만드는 도구를 쓰고, 오른쪽에는 변화된 모습을 쓰는 것입니다. 특정한 두려움에 맞서기 위해 증거 찾기와 반대되는 증거 찾기를 촉진하는 도구의 증거를 사용하고 있다고 알아챌 수 있을 것입니다. 그리고 책임 파이나 타임머신 기법도 불안한 마음을 변화시키는 데에 효과적입니다.

두려움의 사다리 만들기

나의 두려움에 직면하기 계획의 큰 부분은 **두려움의 사다리**입니다. 말 그대로 두려움의 사다리는 당신을 불안하게 만드는 상황에 대한 척도라고 할 수 있습니다. 사다리의 가장 아래 계단은 가장 낮은 수준의 불안이며 반면에 가장 높은 계단은 최고로 불안한 상태입니다. 당신의 계획은 차근차근 사다리를 오르는 것처럼 천천히 두려움에 직면할 수 있도록 도와줄 수 있습니다. 두려움에 직면하는 것은 사람들 앞에서 이야기하는 것, 파티에 참석하는 것, 공중 화장실을 사용하는 것, 시험을 보는 것과 같이 사회적인 상황을 피하고자 하는 청소년들에게 가장 좋은 방법입니다. 이는 특정한 장소에 대한 두려움을 극복하는 데에도 좋은 방법입니다. 만약 공황장애나 광장공포증이 있다면 당신은 쇼핑몰, 식당, 버스, 지하철 같은 공공장소를 피하려고 할 것입니다. 만일 어떤 특정한 것, 개, 바늘, 벌레, 세균 등을 피하려고 한다면 한 번에 두려움에 직면하는 것이 또한 도움이 될 것입니다.

두려움 무너뜨리기

두려움을 깨뜨리는 사다리를 만들기 위해서는 우선 두려움을 무너뜨려야 합니다. 첫째, 두려움을 많이 느끼거나 덜 느끼게 하는 상황을 바꾸기 위한 다양한 방법에 대해 생각해 보세요. 예를 들어, 당신에게 두려움을 느끼게 하는 사물이나 상황에 당신이 얼마나 가까운지 상상해 보십시오. 만약 당신이 높은 곳을 두려워한다면 높은 빌딩의 창문에서 1m 이상 떨어져 있는 것보다 60cm 떨어져 있는 것이 더 두려울 것입니다. 또 사다리의 첫 번째 계단에 있는 것보다 두 번째 계단에 있는 것이 더 두렵겠죠. 당신이 얼마나 두려워하는지를 판단하는 또 다른 방법은 그 상황에 얼마나 오랫동안 머무르는지를 보는 것입니다. 예를 들어, 당신이 닫힌 공간을 무서워한다면 벽장 속에 10분간 있는 것보다는 2분 정도 있는 것이 더 쉬울 것입니다. 때로는 대상의 크기가 두려움에 영향을 줄 수도 있어요. 커다란 개는 작은 개에 비해 좀 더 무서울 수 있고, 작은 바늘보다는 큰 바늘이 더 무섭게 느껴질 수도 있습니다.

당신의 두려움을 무너뜨릴 뿐 아니라 사다리의 각 단계를 명료하고 특별하게 정리할 필요가 있습니다. 당신이 두려움의 사다리를 만들 때 최소한 자신의 두려움의 사다리에서 8~12단계에 있도록 노력해 보세요. 비록 당신의 두려움의 사다리는 20단계쯤 되겠지만 이것은 뭔가 트랙에 압도된 느낌일 수 있습니다. 그리고 8개 단계보다 적은 것은 불안의 단계가 적기 때문에 두려움의 사다리를 만들기 어려울 수도 있습니다.

각 사다리 단계를 점차적으로 가장 높은 단계(매우 불안한 단계)에서 낮은 단계(약하게 불안한 단계)로 만들어 보세요. 만약 당신이 만든 첫 번째 두려움의 사다리가 모든 상황에서 높은 수준의 단계라고 한다면 바로 높은 단계로 점프를 하기 때문에 서서히 올라가는 것에 어려움을 느낄 수도 있습니다. 당신의 불안에 직면을 하는 가장 좋은 방법은 낮은 단계에서부터 당신의 자신감을 만들어 가는 것이지요. 이런 낮은 단계들은 아주 무서운 경우가 아니기 때문에 자신감을 갖는 것에 성공하기 쉽습니다.

당신의 불안의 사다리를 만들어 연습을 할 때 실제 위험과 지각된 위험(무언가 위험하다고 느끼지만 실제로는 그렇지 않은 상태)을 구분하는 것이 중요합니다. 이렇게 지각된 위험을 연습했으면 합니다. 예를 들어 엘리는 위험하지 않은 장님 거미를 어깨에 올리는 경험을 직면했습니다. 엘리는 위험한 독거미에 직면하는 것으로 시작하지 않았습니다. 민은 부엌 선반을 만져서 병에 걸리는지 보는 것부터 시작을 했는데, 부엌 선반은 지저분하기는 하지만 가족들도 손잡이를 만지고 있고 괜찮기 때문에 안전합니다. 비슷하게 개를 무서워하는 청소년은 두려움을 극복하기 위하여 잘 모르고 물지도 모르는 개보다는 알고 있고 절대로 물지 않는 개로 연습을 합니다.

자신만의 두려움을 사다리를 만들고 아래의 단계를 따라 보세요.

1. 직면하고 싶은 두려움을 결정하고 적어 보세요.
2. 당신이 계획한 것과 직면하는 것이 안전하다는 것을 확신하세요.
   (친구들이나 부모님께 당신이 생각하는 상황이 안전한지에 대하여 물어보세요. 사람들이 그렇다고 하나요?)

3. 당신의 두려움과 관련이 있는 8~12개의 목록을 만들어 보세요.
   상황을 적어 보세요. 가장 두려운 상황부터 중간, 낮은 수준의 불
   안한 상황을 위에서부터 아래로 적어 보세요.

엘리의 두려움의 사다리

거미에 대한 두려움에 직면

상황	두려움의 정도 (1~10)
장난 거미를 내 어깨에 올려놓는다.	10
장난 거미가 내 팔 위를 기어다닌다.	9
할 수 있는 한 오랫동안 장난 거미를 손바닥 위에 올려놓는다.	8.5
빠르게 장난 거미를 만진다.	7
엄마가 장난 거미를 가둔 뚜껑 덮은 유리병을 만진다.	6
엄마가 장난 거미를 가둔 뚜껑 덮은 유리병을 본다.	5.5
장난 거미가 기어가는 장면을 찍은 비디오 영상을 본다.	5
장난 거미가 찍힌 사진에서 장난 거미의 머리 부분을 만진다.	4
엄마가 들고 계신 장난 거미가 찍힌 사진을 만진다.	3
엄마가 들고 계신 장난 거미가 찍힌 사진의 거미 머리 부분을 본다.	2
엄마가 들고 계신 장난 거미가 찍힌 사진을 만진다.	1

4. 다음 점수 칸에 얼마나 두려움을 느끼는지를 적어 보세요. (0=전
   혀 불안이나 두려움을 느끼지 않는다. 10=최고로 불안하거나 두
   렵다.)

두려움 상상하기

엘리는 실제 상황에서의 두려움의 사다리를 만들었습니다. 당신은 상
상 속의 상황으로 사다리를 만들 수 있습니다. "무엇이 중요한 점인가"
를 생각할 수 있습니다. 나에게 위협을 주는 것이지만 두렵지 않을 수
있는 것은 무엇이 있을까를 생각해 보세요. 잘했습니다! 당신의 두려
움에 직면하도록 하는 이 방법이 도움이 되기 때문입니다. 그렇게 함
으로써 당신이 두려움을 느끼거나 두려움에 직면하는 상황이 괜찮아
지는 것으로 바꾸는 데에 큰 도움이 됩니다. 어떤 청소년에게 두려움
을 상상하는 것이 정말 도움이 됩니다. 두려움에 직접 직면하는 것에
많은 시간을 쏟을 필요가 없기 때문이지요. 그리고 많은 경우 당신이
상상하는 것은 실제보다 두려운 것이 아니랍니다.

  상상을 하는 것은 당신을 두렵게 하는 상황을 만나거나 보기 전에
불안을 줄여 줄 수 있습니다. 비행기를 타는 것에 두려움을 느끼는 것,
엘리베이터를 타는 것, 거미에 대한 큰 두려움은 무슨 일이 일어날 것
이라는 당신의 상상에서 시작됩니다. 우리는 이런 것을 **예기불안**이라
고 부릅니다. 많은 청소년이 발표를 하거나 치과에 가기 전에 몇 시간,
며칠을 걱정합니다. 그것을 상상하는 것은 불안과 걱정을 낮출 수 있
습니다.

  두려움에 직면하는 것을 상상하는 마지막 이유는 상상하는 것이 상

황을 경험하는 유일한 수단이 될 수 있기 때문입니다. 어떤 청소년에게는 직접적으로 상황이나 물건에 직면하는 것에 두려움을 느끼거나 실제로 위험한 것일 수 있기 때문입니다. 예를 들어, 엘리가 특히 무서워하는 거미는 엘리를 물 수도 있고 영원히 잊을 수 없는 끔찍한 통증을 남길 수 있지요. 상상하는 것을 이용하여 이런 종류의 두려움을 극복하기 위해서 엘리는 실제로 거미에게 물려 볼 수도 있겠지만 이런 방법은 안전하지 않고 엘리는 상상을 통해 경험을 할 수 있기 때문에 필요하지 않습니다. 그리고 바비의 경우 교실에 있는 친구들이 자신을 보면서 웃는 것을 상상해 볼 수 있습니다. 바비는 현실에서는 이런 일을 진짜로 경험할 필요가 없습니다. 이게 무슨 말일까요? 실제로 친구들이 바비를 보면서 웃는 것을 보기 위해서 바비는 우스꽝스럽게 행동해야 하고 선생님께 엄청난 문제를 일으켜야 되겠죠. 위험한 행동은 아니지만 참 불필요한 행동입니다. 청소년은 직접적으로 상황에 직면하기도 하지만 많은 경우 두려움을 극복하는 데에 도움이 되지 않을 수도 있습니다. 비행기를 타는 것도 좋은 예입니다. 대부분의 사람들이 비행기를 타는 것을 상상하지 않고는 비행기 타는 것에 대한 공포를 극복하기 어렵습니다.

96쪽에 있는 단계에 따라 실행의 사다리를 만드는 것과 마찬가지로 상상의 사다리를 만들 수 있습니다. 아니면 당신이 다루고 싶은 상황에 대한 카드나 넘길 수 있는 노트를 만들어서 사용할 수도 있습니다.

당신이 적게 불안을 느끼는 상황부터 시작하여 극도로 두려운 상황까지 상상해 보세요. 머릿속에서 이런 상황들을 상상할 때, 다음 단계로 두려움의 점수를 적는 곳에 점수를 적어 보세요. 상상한 상황을 적어 보는 것은 마치 영화 대본을 적는 것과 비슷하고 각 장면마다 정교하게 적는 것과 같습니다. 당신의 다섯 가지 감각을 모두 이용하는 것이 상상하는 대로 상황을 만드는 데에 도움이 됩니다.

나는 두려움의 사다리를 만들 때 카드를 사용했어요. 각각의 카드에는 사람들이 가득 모여 있는 방에 직면하는 방법을 적었고 별로 두렵지 않은 상황에서 매우 두려운 상황에 이르기까지 각각의 점수를 0부터 10까지 매겨서 정리를 했어요. 이런 작업들은 내가 쇼핑몰에 가는 것에 도움이 되었어요. 나의 두려움에 직면하는 것에 대비하여 준비한 카드를 볼 수 있었어요.

―다시, 17세

마지막 단계는 이런 장면을 녹음하는 것입니다. 당신은 이것을 적을 수 있고 읽을 수 있습니다. 혹은 누군가가 대신 읽어 줄 수도 있고 옛날 녹음기나 디지털 음성 녹음 장치를 이용하여 대본을 읽고 녹음할 수 있습니다. 아래는 바비의 녹음 대본입니다. 바비는 8점의 두려움을 기록했습니다.

나는 수학시간에 선생님의 말씀을 듣고 있었다. 그날은 따뜻한 날이었고 나는 약간 땀이 났다. 나는 멀리서 풀이 움직이는 소리를 들을 수 있었고 풀잎이 제초되는 냄새를 맡을 수 있었다. 선생님이 질문을 했고 나는 그 질문에 대한 답을 알고 있다고 생각했지만 확실하지는 않았다. 나는 내가 생각하는 답을 이야기하기로 했고 손을 들었다. 내가 대답을 했을 때 친구들은 웃기 시작했다. 나는 아무것도 이야기하지 않았는데도 친구들의 웃음소리를 들을 수 있었다. 나는 기분이 나빠지기 시작했다. 땀이 더 많이 나기 시작했다. 입이 마르고 심장이 뛰는 것을 느낄 수 있었다. 나는 손을 내렸고 몸을 웅크렸다. 다른 친구들을 쳐다볼 수 없었다. 끔찍했다. 내 인생에서 이렇게 당황스러운 일은 느껴

본 적이 없었다. 나는 자리에 얼어붙어 버렸고 이 시간이 지나가기만을 바랐지만 친구들은 웃고 또 웃고 계속 웃었다.

두려움에 직면하는 계획 발전시키기

이제 당신의 모든 두려움의 사다리를 하나로 모을 차례입니다. 이 계획표는 총 3개 부분으로 되어 있습니다. 시작은 '두려움의 사다리'이고 옆에 '오늘 내가 직면한 두려움'에 대하여 적고 날짜를 함께 적습니다. 그다음 '스마트하게 생각하기'를 이용하여 이런 두려운 생각을 뒤섞어 봅니다. 그러고 나서 마지막으로 당신이 두려움에 직접 직면할 때나 상상할 때, '두려움의 온도계'를 가지고 당신의 두려움의 정도를 결정해 봅니다. 두려움의 온도계는 잠시 후에 곧 설명하겠습니다.

두려움에 직면하기

일단 나의 두려움에 직면하기 계획표를 만들었다면 두려움에 직면하기 위한 가장 어려운 단계에 준비가 되었습니다. 가장 두렵지 않은 단계에서 시작하여 가장 걱정스러운 상황에 직면합니다. 당신의 불안이 점차 줄어드는 것을 볼 수 있도록 이것을 검토하는 것은 중요합니다. 당신이 얼마나 불안해하는지를 두려움의 온도계를 이용하여 기록할 수 있습니다. 0은 당신이 상상하기에 시원하고 안정이 되어 있는 상태이고 10은 가장 불안하거나 위협적인 상태입니다. 불안에 직면할 때마다 불안의 상태에 맞춰서 불안의 온도계에 동그라미를 칠 수 있습니다. 당신의 계획표에서 하루에도 몇 번씩 '오늘 내가 직면한 두려움'이라는 목록을 통해 알 수 있습니다.

두려움에 직면하는 것을 시작하기 전에, 스마트하게 생각하기를 먼저 생각해 보세요. 시작을 하기 전에 다음과 같은 말을 몇 번 반복해 보세요. 더 잘하기 위하여 부모, 혹은 친한 친구에게 두려움에 직면하는 것을 몇 분 동안 당신과 함께 연습해 볼 수 있는지 물어보세요. 안정된 마음의 일부, 뒤섞어 놓은 것을 이야기하는 것, 불안한 마음을 지도하는 것, 불안한 마음을 이야기하는 것은 꽤나 재미있는 일이 될 거예요. 앞뒤로 왔다 갔다 하면서 당신이 자신감을 갖고 완전히 이해할 수 있으며 시작할 준비가 될 때까지 해보세요.

비록 불안에 직면하기 시작할 때 당신이 불안의 중간 수준에서 미약하게 불안을 느끼는 것을 예상한다 하더라도, 불안이 갑자기 생겨날 수 있고 시작하는 것에 어려움을 겪을 수도 있습니다. 만약 이런 일이 생긴다면, 이 책에서 소개하는 심호흡을 하거나 마음속에서 평화로운 장면을 상상하는 것과 같은 다른 방법을 찾아볼 수도 있습니다. 아니면 두려움의 사다리를 다시 한 번 검토해 보세요. 어쩌면 당신이 생각하는 것보다 어려운데도 쉽게 생각을 하고 사다리의 중간 부분에서부터 시작하려고 했을지도 모릅니다. 사다리의 낮은 단계에서 시작을 해서 서서히 위로 올라간다는 사실을 잊지 말아 주세요.

이제 당신의 두려움에 맞서 봅시다. 당신이 두려움과 마주할 때 중요한 것은 두려움의 온도계의 2점에서 5점 정도의 상황에 있어 보는 것입니다. 예를 들어, 엘리는 거미가 나온 책을 보는 것부터 시작했습니다. 엘리는 책을 볼 때마다 두려움의 온도계를 작성했어요. 거미 그림을 볼 때 엘리는 두려움의 온도계가 0이나 1이 될 때까지 2분마다 한 번씩 동그라미를 쳤습니다. 온도계가 0이나 1이 될 때까지 시간은 30분이 걸렸습니다. 그러나 만약 시간이 좀 더 오래 걸릴 수도 있고 그렇다면 계속하면 됩니다. 가장 중요한 것은 당신의 불안 수준이 0이나 1이 될 때까지 하는 것이지요. 106쪽에서 클레이가 어떻게 했는지 함께 살펴보도록 하겠습니다.

만약 다른 사람의 두려움에 직면하는 계획표를 보고 싶다면 이 책의 뒷부분에 마련된 추가 자료 부분을 살펴보세요. 그러나 당신의 계획표와는 다를 것입니다. 왜냐하면 두 사람은 같을 수 없기 때문이지요. 두 사람의 두려움은 같을 수가 없어요. 만약 두려움에 직면하고자 한다면 당신이 모든 수단을 다 해보는 것을 추천합니다. 항상 성공했으면 하고 바라고 있어요.

모든 노력을 최대한 활용하기

당신은 아마도 두려움에 직면하기 위하여 이미 노력을 했다고 생각할 수 있지만 그렇지 않을 수 있습니다. 바비도 그렇게 생각했어요. 처음에는 "이봐, 두려움에 직면하는 것은 나한테는 별로 도움이 되지 않아. 우리 부모는 나를 휴일에 큰 가족 모임에 데려가셨어. 거기에 갈 수밖에 없었고 나는 내내 불안하고 끔찍한 기분이었어."라고 생각했습니다. 이 경우에서 보면 바비의 부모는 강제로 모임에 데려가려고 하셨던 것이지요. 누구에게나 자기가 원해서 한 일과 강제로 하게 된 일이 같을 수 없습니다. 사다리의 낮은 단계에서 시작을 해서 불안을 조금 느끼거나 느끼지 않도록 계속계속 연습해 보세요. 이러한 이유로 만약 당신이 기회를 얻고 두려움에 직면하고자 한다면 비용을 지불하면서 이러한 방법을 사용하는 것이 중요합니다. 당신의 두려움에 직면할 때, 모든 방법을 최대한 활용하기 위하여 아래와 같은 여섯 가지 방법을 활용합니다.

- 단계적으로 하기
- 두려움이 사라질 때까지 하기
- 자주 활용하기
- 열심히 하기
- 스마트하게 생각하기
- 도움을 받아서 하기

단계적으로 하기 항상 성공하기 위해 가장 좋은 방법은 단계별로 불안이 부서지는 것입니다. 두려움의 사다리에서 당신의 두려움이 사라져 갈 때, 큰 그림을 보기 때문에 덜 불안해지기 시작합니다. 당신에게 공포증이 있을 때 당신의 두려움은 마치 형광등 스위치와 같다고 생각할 수 있습니다. 불안할 때는 등이 켜지고 불안하지 않을 때에는 등이 꺼지는 것이지요. 두려움에 대한 진실은 서서히 밝아지고 어두워지는 등입니다. 작게 불안한 것부터 굉장히 불안한 것까지는 매우 많은 단계가 있습니다. 작은 단계부터 노력하는 것을 안다는 것은 불안에 직면하는 것을 덜 두렵게 만듭니다. 왜냐하면 당신이 좀 더 자신감을 갖게 되고 단계를 올라가는 과정이기 때문입니다.

두려움이 사라질 때까지 하기   당신의 두려움이 사라질 때까지 두려움을 즐겨 보고 상황에 머물러 보는 것입니다. 보통 60분 이하로 하게 되지만 어떨 때는 그보다 더 오래하기도 합니다. 당신이 불안을 다룰 수 있도록 연습을 하는 긴 시간 동안 그 일은 절대 일어나지 않거나 그다지 일어날 확률이 적다는 것을 알게 되는 것이 중요합니다. 2분마다 당신의 두려움의 정도를 체크해 보세요. 불안의 수준이 0이나 1이 되는 순간 멈출 수 있지만 그 전에는 멈추지 마세요.

자주 활용하기   일주일에 네다섯 번은 두려움에 직면하는 연습을 하세요. 그리고 매주 한 번은 쉬는 시간을 주면서 당신의 노력에 대하여 상을 줍니다. 연습을 하는 매 순간, 다음 단계로 가기 전에 바로 전 단계를 완성을 하고 넘어갑니다. 이것이 다음 단계로 가기 위한 준비단계입니다. 당신이 준비가 되는 것이 그 전보다 불안을 조금 느낄 수 있다는 것을 기억하세요. 불안이 사라져 버릴 때까지 즐겨 보고 다음 단계로 가기 위한 준비를 하세요.

열심히 하기   두려움에 직면하는 것은 즐거운 일은 아닙니다. 당신은 불안을 느낄 것을 예상할 수 있고 두려움을 느낄 때 두려움을 극복하기 위한 트랙을 움직일 것입니다. 당신이 불안을 느끼기 때문에 불안과 싸우고 싶은 마음이 생기기도 하고 불안을 없애기 위해 싸울 수도 있습니다. 각각의 노력을 충분히 하기 위하여 불안을 떨쳐 버리려고 하기보다는 불안과 놀이를 해보는 것입니다. 연습을 할 때 당신이 느끼는 불안 때문에 혼란스러워하지 말고 적게 느껴 보도록 하세요. (손을 씻지 않으려고 한다면 손을 깨끗하게 하기 위해 바지에 손을 문지르는 것, 다른 사람과 이야기를 할 때 눈을 맞추는 것보다 발끝을 보는 것과 같은 것입니다.)

스마트하게 생각하기 각각의 연습을 하기 전에 스마트하게 생각하기 체크리스트를 보세요. 이는 당신의 불안한 마음을 잘 생각할 수 있도록 도와줍니다. 그리고 나서 발생할 것이라고 생각하는 불안이 진짜로 일어나는지를 살펴보세요. 불안한 마음이 두려움을 느끼지 않도록 도움을 줍니다.

도움을 받아서 하기 마지막으로 당신은 당신이 두려움과 직면할 때 다른 사람의 도움을 받고 싶어 할지도 모릅니다. 당신이 편안하게 느끼는 사람이나 당신이 준비가 될 때까지 밀어붙이지 않을 사람을 골라 보세요. 약간의 도움과 용기를 보는 것이 불안을 느끼면서 불확실한 것에 대하여 많은 도움이 됩니다. 각각의 연습이 끝난 다음에 자신에게 상을 주는 것을 기억하세요. 상의 목록을 만들고 당신의 부모님께도 이야기를 미리 해 놓으세요. (음악 다운로드 받기, 친구네 집에 놀러가기, 아이스크림 먹기 같은 상) 다른 사람들도 상에 대한 좋은 아이디어가 있을 수 있습니다. 상은 반드시 연습을 마쳤을 때만 주어야 합니다. 이는 연습을 잘할 수 있는 데에 가장 좋은 방법입니다.

용기 얻기

당신은 이미 자신의 불안과 마주하는 데 준비가 되었습니다. 그렇지만 시작하기 전에 용기에 관해서 이야기해 보았으면 합니다. 어떤 청소년은 용기를 '두렵지 않다'라는 의미로 생각을 합니다. 이것은 사실과는 차이가 있을 수 있습니다. 용기는 당신이 무언가 위협적으로 느낄 때 위협에 대한 것이라고 할 수 있습니다. 우리는 당신이 위협적으로 느끼지 않게 하거나 불안하지 않도록 하는 무언가를 하는 것에 대하여 어떻게 이야기를 해야 할지 모르겠지만 그것이 용기가 아니라는 것은 알고 있습니다. 불안에 직면하는 것 같이 불안을 관리하는 것은 용기와 관련된 것이며 이 책에서 당신이 배우는 내용이 용기 있게 행동할 수 있도록 도울 것입니다. 모두가 불안을 느낍니다. 모두가 걱정을 합니다. 그러나 만약 한 번에 한 단계씩 불안에 직면하는 데에 한 걸음씩 옮긴다면 당신이 원하는 목표에 다다를 수 있습니다. 우리는 이런 경우를 수도 없이 봐왔답니다. 파이팅!

클레이의 두려움에 직면하기 계획표

날짜 : 7월 15일

오늘 직면하게 된 두려움 : 수학 시험 공부를 30분 부족하게 하게 될지도 모른다.

나의 불안의 소리 : 수학시험을 망칠 것이다.

스마트하게 생각하기 체크리스트

마음을 진정시키는 방법	재정비한 마음의 소리
반대되는 증거 찾기	나는 수학을 잘하고 해야 하는 양보다 더 열심히 공부했다. 30분 공부를 덜했다고 해서 내 성적이 달라지지는 않는다. 만약 이번 시험을 잘 못 친다 하더라도 세상이 끝나는 것은 아니다.
자신감 일으키기	공부를 충분히 하지 못해서 시험을 망친다 해도 나는 관리할 수 있다. 선생님께 조언을 구할 수 있다. 항상 만점을 받을 필요는 없다.

나의 재정비된 마음 : 나는 내가 얼마나 공부를 했는지와 상관없이 항상 수학 성적을 잘 받았다. 그리고 모든 시험에서 만점을 받아야만 하는 것은 아니다.

두려움의 사다리

상황과 단계	두려움 점수(0~10)
평소보다 30분 적게 공부	8
평소보다 25분 적게 공부	7
평소보다 20분 적게 공부	6
평소보다 15분 적게 공부	5
평소보다 10분 적게 공부	4
평소보다 8분 적게 공부	3
평소보다 5분 적게 공부	2
평소보다 3분 적게 공부	1

클레이의 두려움의 온도계

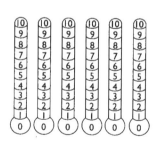

나의 두려움에 직면하기 계획표

날짜 : _____

오늘 직면하게 된 두려움 : _____

나의 불안의 소리 : _____

스마트하게 생각하기 체크리스트

마음을 진정시키는 방법	재정비한 마음의 소리

나의 불안의 소리 : _____

_____

_____

_____

두려움의 사다리

상황과 단계	두려움 점수(0~10)

두려움의 온도계

CHAPTER 6

공황발작이라는 먹구름 위에 떠 있기

당신은 표면 해류나 격랑이라는 말을 알 수도 있습니다. 시간당 1,600미터에서 8,000미터로 해변이나 물가에 거칠게 파도치는 것을 의미하죠. 격랑은 당신을 휩쓸어 버립니다. 물가로 헤엄쳐서 나오려고 힘들게 싸우지 않는다면 보통은 파도에 먹혀 버립니다. 그렇다고 파도와 싸워 이겨 내려 한다면 파도가 당신보다 강하기 때문에 지쳐 버릴 것입니다. 한번 탈진해 버리게 되면 당신은 물속으로 사라져 버리겠죠. 그럼 이야기는 그냥 끝입니다.

만약 파도와 싸우는 것이 영리한 방법이 아니라면 어떻게 해야 할까요? 구조대원은 당신에게 이런 조언을 합니다. 파도에 떠밀렸을 때에는 물 위에 떠 있기 좀 더 쉽도록 긴장하지 말라고 이야기하지요. 잠시 동안 개헤엄을 쳐보고 배영을 해보고 물에 익숙해진 다음 기다리세요. 파도는 잠시 동안 당신을 가라앉히려고 하겠지만 집어삼키지는 않을 겁니다. 그리고 곧 파도는 잠잠해질 것이고 해변가로 헤엄쳐 나오는 것이 수월해질 것입니다.

공황발작도 마찬가지입니다. 우리는 당신이 공황발작과 싸우지 않았으면 좋겠고 또한 그것을 무시하는 것도 원하지 않습니다. 가장 좋은 방법은 편안하게 그 위에 둥둥 떠 있는 거예요. 이 장의 목표는 공황발작이 발생했을 때 무엇을 하고 어떻게 다루는지를 배우는 것입니다. 우리는 공황과 공황발작을 다루는 데에 도움이 되는 경험과 초기단계의 전형적인 내용을 다룰 것입니다.

두려움과 공황은 어떻게 다를까

사람들은 두려움을 지니고 있습니다. 동물에게도 두려움이 있습니다. 그리고 당신도 마찬가지입니다. 두려움은 위험에 대한 자연스러운 반응입니다. 당신은 과학 시간에 **투쟁-도주** 반응에 대하여 배웠을 겁니다. 이것은 생명을 위협하는 상황으로부터 즉각적이고 본능적으로 싸우도록 준비가 되거나 도망을 간다는 내용입니다. 이럴 때 심장은 빨라지고 신체의 경보음이 울립니다. 근육은 준비된 상태가 될 것입니다. 어떤 행동을 취하는 데에 준비가 되는 것이지요. 두려움은 당신이 포식자를 만났을 때 야생에서 그 동물로부터 당신을 보호합니다. 그리고 당신이 가능한 위험에서 도망칠 수 있도록 만들어 주며 필요하다면 스스로 방어할 수 있도록 만들어 줍니다. 만약 당신이 길을 걷고 있는데 자전거가 당신을 향해 질주해 오고 있다면 당신은 다른 쪽으로 재빨리 뛰어갈 수 있습니다. 이런 경우 두려움은 끔찍한 사고나 불행에서 당신을 보호할 수 있습니다. 그러나 실제로 위험이나 생명을 위협하는 것이 없는데도 두려움의 반응을 보인다면 이것을 공황이라고 부릅니다.

 공황이나 **공황발작**은 두려움이 순간적으로 갑작스럽게 확 밀려오는 느낌이지만 실제로는 없는 감정입니다. 기본적으로 공황발작은 두려움에 잘못 불이 붙여진 경우죠. 공황발작이 일어난 동안 당신의 심장은 매우 **빠르게** 뛰기 시작할 것이고 땀이 나며 어지러움을 느끼고 숨을 쉬는 것이 어렵게 느껴집니다. 때론 숨이 멎을 것 같거나 진동이 느껴지고 부들부들 떨리기도 합니다. 같은 시간 당신의 몸은 불안을 느끼고 있고 마음에서는 경보음이 울리고 있습니다. 당신은 '지금 내가 미쳐가고 있구나, 죽는구나.'라고 생각할 수 있고 '포기'하게 되며 비명을 지를 수 있습니다. 대부분 당신은 교실을 빠져나간다거나 엘리베이터나 비행기에서 내리는 것처럼 달아나고 싶을 것입니다. 당신의 불안 반응은 탈출하는 것입니다. 왜 당신은 공황을 느낄까요? 왜 당신의 마음은 그런 곳에서 경보음을 울려댈까요?

공황으로 뛰어들기

당신이 공황이 있을 때 불안한 몸과 마음은 무언가 나쁘거나 위험한 것이 당신에게 일어나고 있다고 경보음을 울릴 것입니다. 사실은 그렇지는 않은데 말이죠. 공황발작은 조금도 위험한 것이 아닙니다. 놀랍게도 공황발작은 전적으로 자연스러운 반응입니다. 그것은 단순하게 안 좋은 시점이나 상황에 발생하곤 합니다. 당신이 이렇게 불안한 마음을 신체적으로 느끼는 긴장이 있을 때 실제 위험하지 않기 때문에 당신의 마음은 불안한 마음이 옳다는 이유를 만들어 내거나 그 안으로 뛰어들게 됩니다. 우리는 이런 것을 마음이 공황으로 뛰어든다고 표현합니다. 당신이 공황 상태에 있을 때, '실제로 불안한 상태에 있어 보기'가 있습니다. (제4장에서 A−B−C 모델에 대해 이야기한 것을 기억하시나요?) 다음은 여섯 가지 일반적인 불안 상태입니다. 이런 이유로 10대들은 공황으로 뛰어들게 되죠.

- 나는 심장발작을 일으킨다.
- 나는 현기증이 나거나 기절해 버릴 것이다.
- 나는 숨을 쉴 수 없거나 질식사할 것이다.
- 나는 넘어지거나 걸을 수 없을 것이다.
- 나는 미칠 것이다.
- 나는 통제력을 잃을 것이다.

나는 심장발작을 일으킨다   당신이 공황발작을 일으킬 때 심장은 매우 빠르게 요동치게 됩니다. 만약 당신이 전력질주를 한다면 아무 문제없이 "내가 열심히 달렸으니까 심장이 빨리 뛰는 것은 당연해."라고 생각합니다. 아마 당신은 알아차리지 못했겠지만요. 그러나 당신의 심장이 매우 빠르게 뛸 때 왜 심장이 빨리 뛰는지 그 이유를 알 수 없을 때 적당한 이유를 생각하기가 쉽지 않습니다. 그리고 당신의 마음은 "내가 지금 심장발작을 일으키고 있구나." 혹은 "죽을 것만 같아."라는 생각으로 빠져들게 됩니다.

심장이 매우 빨리 뛰게 되면 두렵겠지만 이것은 위험한 것이 아닙니다. 특히 당신이 건강하다면 더더욱이요. 건강한 심장도 위험한 일이 아님에도 몇 시간 동안 빨리 뛸 수 있습니다. 공황발작이 일어나는 동안 당신은 심장이 멈추거나 너무 심하게 뛴다고 느낄 수 있고 혹은 왼쪽 가슴 상단에서 통증을 느낄 수도 있을 것입니다. 심지어 당신이 빠르게 움직이거나 고군분투할 때에도 더 이상 나쁜 일은 일어나지 않습니다. 심장마비가 있다면 이야기는 달라집니다. 정말 심장마비가 일어나는 동안에는 가슴 중앙에 무언가에 쾅 부딪치는 것 같은 통증을 받을 것이고 피할 수 없게 됩니다. 실제 심장마비가 일어나는 동안에는 심장이 가쁘게 뛰거나 마구 두드려지는 느낌을 받을 것입니다. 그러나 이는 통증이 시작한 후 흔히 있는 일입니다. 이것이 공황발작과 다른 점입니다. 왜 당신이 피하고 싶어 하는지에 대한 이유입니다. 당신의 심장이 쿵쾅거리는 이유는 싸우거나 도망가기 위해서입니다.

나는 첫 번째 공황발작을 잊을 수 없을 거예요. 발작이 시작되었을 때 나는 내 방에서 TV를 보고 있었지요. 땀이 나기 시작하고 심장은 엄청 빠르게 뛰기 시작했어요. 나는 '내가 공황발작을 겪고 있구나.'라고 생각했어요. 나는 엄마와 아빠를 소리쳐 불렀고 부모는 바로 911에 전화를 거셨어요. 그리고 그 후 24시간 동안 응급실에 있게 되었죠. 의사 선생님은 기계를 내 몸에 달았고 내 심장을 계속 체크했어요. 선생님들이 내가 이제 괜찮아졌다고 이야기했을 때 나는 선생님들을 믿지 않았어요. 이 일은 작년에 있었던 일이고 지금 되돌아보니 내가 얼마나 바보같이 행동했는지 알 수 있을 것 같아요. 그렇지만 이 일이 다시 일어난다면 나는 정말 무섭겠죠. 내가 정말로 죽을 수 있겠구나라고 생각했거든요.

−다시, 17세

나는 현기증이 나거나 기절해 버릴 것이다　어떤 청소년들은 공황발작을 경험할 때 약간 두통을 느끼거나 어지러움을 느낍니다. 갑자기 빨

리 일어나게 되면 어지러움을 느끼지요. 그때 당신은 "에고, 내가 너무 빨리 일어났나 보네."라고 생각할 수 있습니다. 그러나 이런 일은 공황발작을 일으킬 때에도 생길 수가 있는데 이때 당신은 '졸도할 것 같다.' 혹은 '죽을 것만 같다.'라는 생각이 먼저 납니다.

이것은 싸우거나 도망가려고 근육을 준비시키기 위해 뇌로 가는 피의 양이 조금 줄어들어 어지러움을 느낄 뿐입니다. 비록 당신이 기절해 버릴 것 같은 기분을 느낀다 하더라도 실제로 일어나지는 않습니다. 왜냐고요? 당신이 두려운 이유는 두려워하는 것 자체입니다. 심장은 평소보다 빨리 뛰고 혈압이 증가하게 되지요. 우리는 혈압이 갑자기 떨어질 때 기절하게 됩니다. 그렇기 때문에 그런 일은 일어나지 않아요. 더욱이 심장이 그렇게 빨리 뛰는 동안에는 기절하지 않습니다. 이것은 우리의 신체가 얼마나 정교하게 이루어져 있는지를 보여주는 좋은 예입니다. (물론 모든 일에는 예외가 있듯 일부의 청소년은 기절을 하기도 합니다. 예를 들면, 피에 대한 공포증이 있는 사람은 피를 보게 되었을 때 기절할 수가 있겠지요.)

나는 숨을 쉴 수 없거나 질식사할 것이다   어떤 사람은 공황발작을 경험할 때 호흡에 문제가 있다고 느낍니다. 이런 청소년들은 가슴이 꽉 조이거나 무겁다고 이야기합니다. 폐로 공기가 들어오면 들어올수록 숨이 턱턱 막힙니다. 불안을 느끼기 시작할 때 목과 가슴과 같은 근육들이 긴장하고 조이게 되며 이때 숨을 쉬기가 다소 어렵게 느껴집니다. 숨을 쉬는 것이 좀 더 힘들어지면서 당신의 생각은 "숨이 멎을 것 같아. 나는 질식사하게 되겠지."라고 생각하게 됩니다.

이런 일은 실제로 일어나지 않습니다. 공황발작을 일으켰다고 해서 숨이 멎지는 않습니다. 우리의 뇌는 그보다 훨씬 똑똑합니다. 당신의 뇌는 당신을 보호하기 위해 반사적으로 반응하도록 되어 있습니다. 만약 숨이 멈춘다면 당신의 뇌는 강제적으로 숨을 쉬도록 할 것이며 오랫동안 숨을 멈추고 있어도 쉬도록 합니다. 공황발작을 일으키는 동안 엄청난 양의 산소를 품게 됩니다. 실제 그럴 일은 없겠지만 만약 당신이 죽게 된다면, 즉각적으로 숨을 몰아 쉬게 되고 깨어나게 됩니다. 우리는 당신이 숨이 턱턱 막히거나 숨을 쉬는 것에 문제가 있는 것이 불편한 것은 아니라고 이야기하지는 않습니다. 그것은 사실이 아니니까요. 그러나 위험한 것도 아닙니다.

나는 넘어지거나 걸을 수 없을 것이다 때론 공황발작을 일으키는 동안 다리가 떨리거나 '무릎이 약해져서' 걸을 수 없다고 느낄 수 있습니다. 이런 일이 발생했을 때 당신의 불안한 마음은 "나는 걸을 수 없을 것이다."라고 느낄 것입니다. 걸을 수 없을 것이라고 걱정하는 것은 당신을 더욱 무섭게 느끼도록 만들 수 있습니다. 사람들은 당신을 이상하다고 여길 수도 있고 자신도 당황스러울 수 있습니다. 다시 말해 불안한 마음이 튀어 오르지만 당신의 다리는 여전히 튼튼하고 당신이 원하는 곳으로 당신을 데려다 줄 수 있습니다.

공황발작이 일어나는 동안 다리의 혈관은 약간 확장될 수 있고 다리 근육의 혈액이 모이는 것일 뿐이지 순환이 안 되는 것은 아닙니다. 이것이 위험한 것은 아니지만 다리를 약하고 무겁게 느끼도록 합니다. 떨림이나 힘이 없는 것은 금방 지나갑니다. 만약 공황발작을 몇 번 경험해 보았다면 이것이 무엇인지 알 것입니다. 넘어진 적이 있었나요? 아닐 거예요. 잠시만 생각해 보세요. 공황발작은 공포반응이 잘못 예상이 되어서 생긴 것이에요. 그렇지 않나요? 진짜 위험한 것이 있다면 위험에서 빠져나가도록 신체가 적응된 대로 움직일 것입니다. 만약 다리가 위험에 처했을 때 잘 움직여지지 않는다면 검은 송곳니가 난 맹수나 거대한 코끼리가 살던 시절부터 우리의 조상들은 생존할 수 없었겠지요.

나는 미칠 것이다　어떤 사람은 공황발작을 경험하는 동안 방향 감각을 잃어버리거나 주변 감각에 무뎌지기도 합니다. 그 사람들은 기이하고 이상한 느낌을 받았다고 이야기하며 왜 그런 것인지 이해할 수 없다고 합니다. 우리는 당신이 공황발작을 느낄 때 오히려 이상한 느낌을 받는 게 당연하다고 이야기합니다. 그리고 이런 일을 전에 한 번도 경험해 보지 않았다 하더라도 마음은 "지금 내가 미쳐 가고 있는 것 같다."고 느낄 수 있습니다.

　공황발작을 경험하는 동안 당신의 신체는 위험에서 빠르게 도망가기 위하여 근육으로 혈액을 공급하기 때문에 적은 양의 혈액이 뇌에 도달합니다. 이것이 당신이 이상하거나 기이하게 느끼는 이유인 것이지요. 그러나 그것이 당신이 미쳐 가고 있다는 것을 의미하는 것은 아니며 이상할 것도 기이할 것도 없답니다. 사실 이런 상황에서 그 누구도 '미친' 사람은 없습니다. 정신장애는 몇 년에 걸쳐 천천히 발전되고 공황발작은 그 원인이 될 수 없죠. 그 정도로 두렵겠지만 공황발작은 절대로 청소년을 미치게 하지 않습니다. 절대로!

나는 통제력을 잃을 것이다 공황발작 동안 당신은 무언가 꽤나 강렬한 신체적인 감각을 느낄 것이고 스스로 자제력을 잃고 있다고 느끼기 쉽습니다. 부분적으로 신체가 통제력을 잃어버렸다고 느껴지기 때문이죠. 당신의 생각은 "다 틀렸어."라고 합니다. 이건 무슨 뜻일까요? 어떤 사람은 이것을 계속 끔찍하게 폐의 끝에서 맴돌거나 소리치는 것 같은 느낌일 것입니다. 어떤 사람은 그것이 당혹스러운 것을 의미한다고 생각합니다. 아마도 폐 끝에서 맴돌거나 소리치는 것은 아닐지 모르지만 당혹스러운 것은 맞습니다.

만약 공황발작을 경험하는 동안 펄쩍 뛰거나 도망가고 싶다면 그것은 통제력을 잃어버릴 것 같은 일이 아닙니다. 그것이 의미하는 바는 당신의 몸과 마음이 위험에서 도망쳐야 한다라는 하나에 집중되어 있다는 것입니다. 이는 확실히 실제 위험이 닥쳤을 때 당신의 몸과 마음이 하고 싶은 것을 반영하는 것이지요. 그뿐만 아니라 위험으로부터 도망가는 것은 통제력을 잃어버리는 것과는 다른 것입니다. 사람들은 실제로 통제력을 잃어버리지 않아요. 그들은 할 수 있는 한 상황에서 벗어나는 것일 뿐입니다.

지금 공황으로 마음 점프하는 것은 무엇인가요? 잠깐 동안 당신을 공황으로 밀어넣는 불안 트랙에 대해 생각해 보세요.

공황 파도 만들기

비록 많은 청소년이 공황발작은 어딘가에서 불쑥 나온다고 믿습니다. 그들은 정말 살며시 그 파도를 만듭니다. 배웠던 것처럼 불안 트랙은

공황 파도

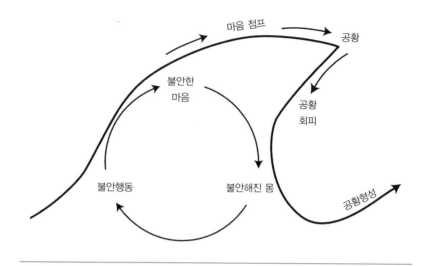

공황 파도의 끝부분이 될 수 있습니다. 바람이나 물결 또는 깊은 물속에서처럼 실제의 파도는 빠르고 최고조에 이르도록 다른 무언가가 원인이 되며 공황 파도도 마찬가지입니다. 위의 그림을 보세요. 공황 파도에서 중요한 역할을 하는 당신의 신체를 가지고 생각해 보세요. 학교생활, 친구들 혹은 가족들이 스트레스를 줄 때, 신체는 점점 더 긴장하게 될 것입니다. 긴장한 신체는 당신의 공황 파도가 만들어진다는 첫 번째 신호이지요.

일상적인 신체 감각이 불안한 상태로 점프하는 것이 독특한 일은 아닙니다. 당신의 마음이 공황으로 점프할 때 무언가 신체적인 느낌이 다르거나 두려운 것처럼 느껴지는 걸로 시작되기 때문입니다. 감기에 걸리거나 알레르기 반응이 일어났기 때문에 숨쉬는 데에 문제가 있었다고 얘기해요. 당신의 마음은 꽉 막힌 코로부터 시작하여 질식할 것 같은 두려움으로까지 점프합니다. 또 공황발작이 있으면 몸이 점점 더 긴장하고 스트레스를 받습니다. 이렇게 긴장이 만들어지는 것은 최근 스트레스 상태이거나 공황발작에 대한 걱정, 몇 시간, 며칠, 몇 주에 걸쳐 천천히 공황 파도가 형성되기 때문입니다.

공황 파도를 만드는 데 기여하는 또 다른 요소는 당신의 주의입니다. 이것은 당신이 공황발작을 일으키는 것에 대하여 긴장이나 불안을 느낄 때 주의를 기울이는 것입니다. 당신이 배운 대로 위험이 다가온다고 생각할 때 당신은 위험을 찾기 시작합니다. 공황의 경우 당신의 신체에 일어나는 나쁜 것들로 마음이 점프하기 때문에 당신은 신체에 약간의 변화에도 주의를 기울이는 경향이 있습니다. 심지어 당신이 공부를 하거나 농구 골대로 슈팅을 하는 동안에도 당신의 불안한 마음의 일부는 위험 표시를 알리는 당신의 몸을 훑고 있을 것입니다. 그 위험 표시는 "내가 제대로 숨을 쉬고 있나? 숨 쉬는 데에 어려움이 있는 것은 아닐까?", "내 심장은 괜찮은 것일까? 갑자기 뛰거나 멈추는 것은 아닐까?"와 같은 것들입니다. 끊임없이 위험을 찾고 일반적으로 위험한 것이 아니라는 사실을 찾았음에도 불구하고 당신의 주의는 공황 파도 쪽으로 밀고 있습니다.

이 장의 초반에서 당신은 불안한 마음이 공황 파도를 만드는 데에 중요한 역할을 하고 있다는 것을 배웠습니다. 당신의 불안한 마음은 언제나 당신의 몸을 통제할 수 있는 상태인지, 신체 감각이 좀 전에 느꼈던 것과 다른지 다소 걱정하고 있습니다. 이것이 의미하는 바는 또 다른 공황 파도로 넘어가고 있다는 것이지요. 당신의 불안한 마음은

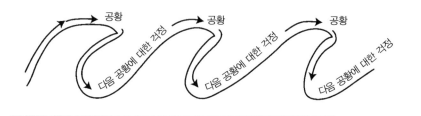

공황 파도의 주기

늘 몸에 대하여 염려하고 있고 또 다른 공황이 찾아올 것인가 걱정하고 있습니다. 추측할 수 있듯이 이런 걱정은 당신의 신체가 좀 더 긴장하고 불안한 데에서 기인합니다. 곧 당신은 어떤 신체 감각에게 몸이 긴장하거나 스트레스를 받고 있을 가능성이 있다고 알리기 시작합니다. 당신은 무언가가 잘못되었다고 생각하겠지요. 당신의 불안한 마음은 이윽고 공황으로 점프합니다("심장마비가 올 거야."). 공황으로의 마음의 점프는 순식간에 일어납니다. 그러나 공황 파도는 몇 시간이나 며칠 동안 만들어질 수 있지요.

공황 파도와 싸우기(절대 해선 안 될 것)

우리가 이야기했던 대로 당신의 불안한 마음이 공황으로 점프할 때 당신은 지금 미쳐 가고 있거나 숨이 멎어 죽을지도 모르거나 혹은 어떤 무서운 일이 일어난다고 생각할 수 있습니다. 물론 이것은 위협적입니다. 그리고 가능한 한 빨리 이 상황에서 벗어나고 싶겠지요. 때론 당신은 할 수 없을지라도 공황이 만들어지는 것과 싸우기 시작할지도 모릅니다. 공황을 멀리 보내 버리려고 노력할 수 있겠지요. 그러나 개가 당신을 물려고 덤비는 것과 같이 정말 위험한 것과는 달리 당신은 불안한 몸과 마음에서 벗어날 수 없습니다. 당신이 무엇을 하고 어디에 가든 당신의 공황은 사라지지 않습니다.

공황의 기초적인 느낌과 싸우려는 것을 이해하는 것이 매우 중요하다는 이야기는 문제의 90%를 차지하고 있기 때문입니다. 비록 당신이 공황에 걸린다고 확신하지 않는다고 하더라도 공황 파도의 시작과 싸우는 것은 공황이 시작될 확률이 높아지는 것이지요. 이것이 공황과 싸워서는 안 되는 이유입니다. 너무 강력해요. 당신이 밀어낼 수 없는 어떤 것을 밀어내거나 싸우려고 할 때 실패할 것이고, 실패한다면 공황의 최고조에 이르렀을 때 통제할 수 없다고 느낄 것입니다.

공황을 밀쳐 내려고 싸우지 않으려는 것이 중요합니다. 대신에 둥둥 떠 있는 것을 배웠으면 합니다. 이 장의 시작에서 이야기했던 것처럼 공황을 격랑처럼 생각하도록 도와주고 파도와 싸우는 것이 좋은 방법이 아니라는 것을 알게 도울 수 있습니다. 가장 좋은 방법은 파도가 스스로 잦아들 때까지 기다리는 것입니다. 그러나 공황 파도에 떠 있는 것을 배우기 전에 당신은 언제 파도가 치며 그것을 잡을 것인지 알 필요가 있습니다. 초기 공황 단계에 대한 특정한 주의를 주고 있는 불안 척도를 보십시오.

불안 척도

0단계 불안 (이완)	1단계 불안 (약간 불안)	2단계 불안 (가벼운 불안)	3단계 불안 (보통의 불안)	4단계 불안 (눈에 띄는 불안)	5단계 불안 (초기 공황)	6단계 불안 (본동이 공황발작)	7단계 불안 (주요 공황 발작)
고요함, 산만하지 않고고 평화로움	약간 긴장되고 불안의 쨰릿함이 느껴짐	긴장되고 가숨이 두근두근거림, 긴장이 느껴지고 심장이 뜀	불편하기는 하지만 조절할 수 있음, 심장이 빠르게 뜀, 손바닥이나 인중에 땀이 남	불편감을 느끼거나 '멍한' 느낌, 심장이 매우 빠르게 뛰며 통제할 수 있을지에 대하여 걱정, 긴장과 안달감	심장을 두드리는 느낌을 받거나 불규칙적으로 뜀, 어지러움과 '잘못될 것 같은' 두려움, '통제할 수 없을 것 같은' 느낌으로 상황에서 벗어나고자 함	심장이 강하게 두근거림, 숨 쉬는 데 어려움, 혼란스러움, 벗어날 수 없을 것 같고 통제력을 상실할 것 같은 기분	6단계의 모든 불안과 자신이 미치거나 죽을 것 같이 느껴지는 끔찍한 기분을 느끼며 이 상황에서 벗어나는 방법을 찾고자 함

출처 : New Harbinger Publications에서 출간한 Edmund J. Bourne의 *The Anxiety & Phobia Workbook, 4th Edition* 허락하에 게재(www. Newharbinger.com)

공황 파도 잡아내기

공황 파도 위에 떠 있을 수 있게 되기 전에 당신은 언제 그 파도를 잡아내는지 알아야 합니다. 윈드서핑을 할 때처럼 파도를 잡으면 되는데 작은 파도부터 잡아내면 됩니다. 공황 파도를 잡는다는 것은 당신이 불안의 어느 수준에 있는지를 아는 것과 같습니다. 파도가 커져갈 때 청소년들은 이를 알아챕니다. 어떤 사람은 메스꺼운 기분을 느낄 것이고 누군가는 불안이 심할 때 토할 것 같은 느낌을 받을 것입니다. 점점 더 불안해지면 숨을 쉬는 데에 문제가 있는 것처럼 느끼기도 합니다. 아마도 통제하기 어렵다고 생각하거나 숨을 쉴 수 없어서 죽을지도 모른다고 생각할 수도 있지요. 다른 사람들은 어지러움을 느끼거나 숨을 빠르고 깊이 쉬며 심장이 너무 빨리 뛴다고 느낄지도 모릅니다. 당신에게는 어떤 느낌이 있나요? 당신에게 일어나는 신호를 지금 당장 생각하기 어렵다면 부모나 심리사 선생님께 도움을 받아도 됩니다. 정말로 몸을 움직일 수 없다면 다음에 공황을 경험할 때 주의를 기울여서 기록해 보세요.

공황 파도 위에 눕기

당신의 공황 파도의 신체적인 신호가 처음 나타나기 시작할 때 (4단계 이하) 이제 떠 있을 차례입니다. 당신의 느낌이나 감각에 따라 당신의 마음은 확실히 뛰어오를 수 있습니다. 가장 처음 당신이 필요한 행동은 뒤로 물러서서 점프하는 것입니다.

뒤로 점프하기

뒤로 점프하기는 공황으로 점프하지 않도록 하는 일종의 자기대화법입니다. 뒤로 점프하기는 무슨 일이 일어나는지, 당신의 불안한 몸이 무엇을 느끼고 마음이 무엇을 경험하고 있는지 즉각 해석을 합니다. 예를 들어, 당신이 "나는 심장마비에 걸릴 것 같아."라고 생각한다면 당신은 이런 식으로 마음을 바꿀 수 있습니다. "나는 심장마비에 걸리지 않을 거야. 지금 내가 두렵기 때문에 심장이 빨리 뛰고 있을 뿐이거든. 내 심장은 젊고 건강하며 많은 것을 할 수 있어."라고 말이죠. 혹은 "나는 미쳐 버릴 것 같아."라는 결론에 뛰어들 수도 있습니다. 뒤로 점프하기를 통하여 "나는 두려움을 느끼기 때문에 이상한 기분을 느낄 뿐이야. 사람들은 공황장애 때문에 미치지는 않아!"라고 생각할 수 있습니다.

당신은 이런 두려움이나 불편함이 위험한 것이 아니라고 자기 자신을 설득시킴으로써 공황 위에 떠 있을 수 있습니다. 사실 우리는 다른 공황 위에 떠 있기 기법들을 사용하기 전에 당신이 이 뒤로 점프하기를 사용했으면 합니다. 이 방식은 당신이 지금 상황이나 감각들이 위험하지 않다는 것을 알기 쉬운 방법이기 때문입니다. 대신 만약에 당신이 개를 무서워하고 그 개가 바닥에 앉아 당신을 보고 있으며 아주 조금이라 할지라도 그 개가 당신을 물어 버릴 거라고 생각하고 있다면 다른 것을 생각하기가 쉽지는 않을 것입니다. 그렇지만 아주 약간이라도 두려움이나 불편한 감정이 위험한 것이 아니라는 것을 믿기만 한다면 그것을 즐기는 것은 쉬울 수 있습니다.

편안한 신체 방식

일단 뒤로 점프하기를 해보면 당신이 계속 떠 있을 수 있도록 도와주는 것이 있습니다. 우리는 이것을 편안한 신체 방식이라고 부르기로 하지요. 자, 다음과 같이 합니다.

- 복식 호흡 : 숨을 천천히 그리고 깊이 쉬세요. 그리고 적어도 5분 동안 이렇게 숨을 쉬며 공황 파도가 사라질 때까지 느껴 보세요.
- 심상법 : 따뜻한 수영장에서 래프트 위에 둥둥 떠 있는 장면이나 화창한 날 하와이 해변에 있는 것과 같은 좋아하는 조용한 기억이나 평화로운 장면을 떠올려 보세요. 만약 래프트의 이미지가 좋다면 공황의 파도 위에서 부드럽게 파도를 타는 장면을 떠올려 보는 겁니다.

주의 전환

그리고 당신이 무언가에 집중함으로써 마음에서 나오는 불안에 대하여 주의 전환으로 도움을 받을 수 있습니다. 이 방법은 처음 불안이나 공황이 올 것 같은 느낌에 적용하기 어려울 수도 있지만 둥둥 떠오르는 데에는 좋은 기회가 될 수도 있습니다. 뒤로 점프하기를 먼저 해본다는 것을 기억하고 생각한 뒤 하세요. 아래에 청소년들이 공황 파도가 사라지는 동안 하는 재미있는 행동을 보세요.

- 잡지 읽기
- 낱말퍼즐, 스도쿠, 직소 퍼즐하기

- 뜨개질, 바느질, 비즈공예
- 친구와 게임이나 보드게임 하기
- 악기연주
- 음악감상 혹은 좋아하는 영화감상

이야기하며 떠 있기

혼자 떠 있을 수 있는 가장 좋은 방법 중에 하나는 자신의 불안한 마음이 편안해질 수 있도록 차분하고 지지적인 방식으로 자기 자신과 대화하는 것입니다. 다른 말로 하면 당신은 자신의 불안한 마음을 다시 바꿀 수도 있다는 이야기이지요. 우리는 이렇게 스마트하게 자신과 대화하는 방식을 이야기하며 떠 있기라고 하겠습니다. 우리는 청소년이 자신의 감정을 받아들여서 공황의 파도 위에 떠 있고 그 파도가 지나가기를 기다릴 수 있다는 것을 알고 있습니다. 131쪽 '나만의 이야기하며 떠 있기 방법'을 참조하여 당신을 가장 잘 도울 수 있는 방법을 이용해 보세요. 만약에 당신 혹은 부모님, 아니면 심리사 선생님이 도움이 된다면 그분들과 함께해도 좋습니다.

　일단 뒤로 점프하기나 다른 방법을 사용해 보고 그들을 한데 묶어서 사용하고 파도 위에 떠 있을 수 있습니다. 그렇지만 뒤로 점프하기가 우선이라는 사실을 기억하세요. 예컨대 "나는 심장마비에 걸리지 않는다."라는 생각을 하는 동안 숨을 들이쉰다고 상상해 보고 "내가 두려워하고 있기 때문에 심장이 빠르게 뛰는 것이야."라고 생각하며 숨을 내쉰다고 상상해 보세요. 그러고 나서 공황의 파도가 오르락내리락할 때 불안을 떨쳐 내기 위하여 이야기하면서 떠 있기 방법을 사용해 봅시

나만의 '이야기하며 떠 있기' 방법

- 나는 불안과 함께 파도 위에 떠 있고 가라앉기를 기다리고 있다.
- 나는 이 느낌을 다룰 수 있다. 위험한 것이 아니다.
- 이 느낌들은 불편하지만 나는 관리할 수 있다.
- 나는 불안을 느끼고 있고 이런 상황을 통제할 수 있다.
- 나는 내 몸에서 일어나는 일을 알고 있고 이것은 지나갈 것이다.
- 불안을 느끼는 것은 괜찮다. 떠 있는 것도 괜찮고 다 괜찮다.
- 전에도 나는 이런 파도 위에 떠 있어 보았다. 다시 할 수 있다.
- 나는 공황 파도 위에 떠 있는 것이 점점 더 괜찮아진다.
- 위험하지 않고 나쁜 것도 없다.
- 이 불안은 좋은 것은 아니지만 나를 해치지 못할 것이다.
- 나에게 심각하게 나쁜 일은 생기지 않을 것이다. 그런 일은 과거에도 없었다. 나는 괜찮다.
- 이것은 단순한 불안이다. 나는 그것에 휩싸여 버리지 않을 것이다.

다. 혹은 스스로 '나의 심장은 강력하고 튼튼하다.'라고 생각하고 다른 재미난 것을 통하여 스스로 주의를 전환시켜 보세요.

당신은 몇 가지 방법을 배웠고 그것들을 모두 해낼 수 있습니다. 그러나 만약 사용해 보기 어려운 것이 있다면 다른 것으로 바꾸어서 해보세요. 만약 지루한 방법이라고 생각된다면 다른 것을 해보세요. 공황 파도가 사라질 때까지 당신의 전략과 방법들(뒤로 점프하기, 편안한 신체 방식, 주의 전환, 이야기하며 떠 있기)을 이용해 보세요.

나만의 공황 계획표 만들기

이제 모든 것을 종합하고 당신의 개인적인 공황에 대비하는 계획을 발전시켜야 할 때입니다. 청소년들이 우리에게 반복해서 이야기하는 것 중 하나는 공황 파도를 만날 때 이것이 거칠게 느껴진다면 오히려 계획표를 세우기가 더 쉽다는 것입니다. 기본적으로 공황 계획표는 모든 방법을 동원하고 당신이 기억하는 모든 중요한 방법을 공황 파도가 생겨날 때 활용하는 것입니다. 만약 당신이 도움 받기를 원한다면 부모나 심리사 선생님께 함께하자고 요청을 해도 좋습니다. 일단 당신의 계획을 적어 보고 공황이 올 때 언제든 빨리 찾을 수 있는 어딘가에 붙여 놓으세요.

1. 첫째, 당신의 공황의 첫 번째 신호를 찾으세요. 만약 확실하지 않다면 부모나 심리사 선생님에게 이야기해서 찾아내 보세요.
2. 당신이 공황으로 점프하는 어떤 패턴을 생각해 보고 뒤로 점프하는 방법의 목록을 작성해 보세요.
3. 이야기하며 떠 있기를 하며 머무는 것을 통해 어떤 것이 당신에게 도움이 되는지를 결정해 보세요. 이것들을 계획표에 적어 봅니다.
4. 이야기하며 떠 있기와 뒤로 점프하기를 결합하여 몸을 편안하게 만드는 방법에 대해 써보세요.
5. 마지막으로 당신이 알고 있고 원하는 장소 중에 당신의 공황 계획표를 사용할 장소를 물색하세요. 기억하세요! 공황의 파도가 막 시작할 때 빨리 시작해야 합니다.

다시가 만든 공황 계획표를 봅시다.

다시의 공황 계획표

공황 파도에 대한 나의 첫 번째 신호	• 약간 매스꺼움을 느낀다. 그리고 내가 토하게 될까 봐 걱정된다. (불안 척도 상 2점) • 정말 예민해지면 숨쉬는 것이 어려워지기 시작하고 질식하거나 죽을 것 같아서 두렵다. (불안 척도 상 4점)
뒤로 점프하기	• 나는 질식하지 않을 것이다. 두렵기 때문에 나의 목과 가슴근육이 긴장되어 있고 그래서 내 호흡이 짧게 느껴지는 것이다. • 나는 많은 양의 산소를 들이쉴 테지만 그렇지 않다고 느끼겠지. 내 몸은 어떻게 숨을 쉬어야 하는지 알고 있어.
이야기하며 떠 있기	• 이런 불안과 함께 둥둥 떠 있을 것이며 파도가 가라앉기를 기다릴 것이다. • 나는 전에도 이런 파도에 떠 있어 보았다. • 나에게 심각한 일은 일어나지 않는다. • 전에도 일어난 적이 없었다.
편안한 신체 방식	• 내 몸과 마음을 편안하게 만들기 위해 숨을 쉴 수 있다. 숨을 내쉴 때 '털이 복실복실한 고양이' 같은 말을 할 수 있다.
주의 전환	• 하모니카 불기 • 좋아하는 노래 듣기 • 단짝친구인 줄라 부르기
사람들이 할 수 있거나 도와달라고 말할 수 있는 것	• 내가 이야기하면 내 동생은 나랑 보드게임을 함께한다. • 엄마는 내가 그것을 조절할 수 있다는 것을 알려주신다. • 아빠는 내가 자랑스럽다고 이야기해 주신다. • 때때로 아빠도 불안함을 느끼기 때문에 도와주실 수 있다고 한다.

공황 이겨내기

이 장에서는 공황이 당신을 공격할 때 어떻게 공황과 떨어질 수 있고 무엇을 해야 할지 알 수 있었습니다. 명심하세요. 아주 약간이라 하더라도 불안이 위험한 것이 아니며 떠 있을 수 있는 방법을 사용하여 당신이 스스로를 편안하게 생각한다면, 이러한 두려움을 가지고도 공황의 파도 위에 떠 있을 수 있고 편안할 수도 있습니다. 그리고 공황의 파도를 실제로 오르락내리락하는 파도를 생각해 보세요. 파도가 낮아지는 것을 준비해 보세요. 때때로 청소년들은 파도가 내려감에도 불구하고 계속될 것이라는 불안감을 안고 있습니다. 그렇지만 이유 없이 다시 파도가 치고 공황이 시작될 수 있습니다. 걱정하지 마세요. 파도가 오르락내리락하는 동안 계속 둥둥 떠 있으면 되고 파도가 잠잠해질 때까지 그냥 있으면 됩니다.

나의 공황 계획표

공황 파도에 대한 나의 첫 번째 신호	
뒤로 점프하기	
이야기하며 떠 있기	
편안한 신체 방식	
주의 전환	
사람들이 할 수 있거나 도와달라고 말할 수 있는 것	

CHAPTER 7

가족, 친구 그리고 학교 스트레스

어른들이 이렇게 이야기한 적이 있지 않나요? "왜 스트레스를 받아? 지금이 제일 좋을 때야."라고 한다거나 "스트레스를 받기에는 아직 어려."라고요. 어른 못지않게 어린이와 청소년도 이따금씩 스트레스를 받을 수 있습니다. 경우에 따라 청소년은 자신이 느끼는 압박이나 감시하에 '스트레스'라는 단어를 쓰기도 합니다. 때로는 스트레스의 의미가 불안하거나 걱정하고 있다는 것을 뜻하기도 합니다. 그럼에도 불구하고 스트레스는 압도적이고 대처하기 어려운 상황을 의미합니다. 대부분의 청소년처럼 당신은 가족, 친구, 학교가 당신에게 기대하거나 요구하는 것을 관리하기란 어려울 수 있습니다.

그래서 이번 장에서는 청소년에게 일반적으로 나타나는 스트레스를 정리하고 그것을 다루는 방법과 스트레스 제거 방법에 대해 이야기해 보겠습니다. 그리고 스트레스가 튀어나올 때 스스로를 돕도록 어떻게 스트레스 제거 계획을 만들 수 있는지 보여주겠습니다.

스트레스 식별

가족 스트레스, 친구 스트레스, 학교 스트레스 등 세 가지 유형의 스트레스 원인은 모든 청소년에게 일반적인 것입니다. 이런 스트레스는 자주 발생하고 때로는 매일 겪는 일상이기도 하며 당신의 불안을 더욱 악화시키기도 합니다. 그리고 알고 있는 것처럼 대부분의 청소년에게 가족, 친구, 학교 스트레스는 피할 수 없습니다. 그것은 인생에서 크고 넓은 영역을 차지하고 있지요.

당신의 스트레스를 관리하기 위한 제일 첫 번째 단계는 당신에게 스트레스를 주는 것이 무엇인지 아는 것입니다. 이 경우 당신은 스트레스가 튀어나올 때 놀라거나 압도되지 않고 이를 알아챌 수 있습니다. 또한 이번 장에서 이야기하려고 하는 네 가지 스트레스 제거 방법을 쉽게 준비할 수도 있습니다. 그래서 가장 처음 하는 질문은 "그 스트레스가 가족과 관련이 되어 있는가? 내가 나의 친구나 사회에서 스트레스를 받고 있는가? 나는 좋은 성적을 받거나 좋은 대학을 가려고 해서 스트레스를 받는가?"입니다. 만약 이 질문들에 "그렇다."라고 대답한다면 당신은 청소년들이 자주 겪는 스트레스를 겪고 있는 것입니다. 어떤 스트레스인지를 깨닫게 해주는 방법으로 다음의 '청소년의 50가지 스트레스' 리스트를 보고 나는 어디쯤 위치하고 있는지를 보세요.

청소년의 50가지 스트레스

가족

함께 살고 있지 않는 부모 방문
통금
가족과 충분한 시간을 보내지
　못함
집안에서의 온전한 의무(가족이나
　집안 잡일)
부모의 다툼

형제자매 돌보기
가족의 건강에 변화
삶의 환경이 갑자기 바뀜
이사
부모의 죽음
부모의 이혼
친척 방문

학교

대학 입학
학문적 요구 수준
대학 수능시험
숙제나 공부
나쁜 성적
결석이나 지각

좋아하지 않는 수업이나 선생님
다른 학생들에 대한 선생님의 편애
전학
학기의 시작과 끝
수업 준비

친구

데이트
음주와 담배 강요
부도덕한 요구
남자친구나 여자친구와의 다툼
친구와의 다툼
사회활동의 변화
새로운 사람과의 만남
친구와 충분한 시간을 보내지 못함

우정의 변화
친구가 거의 없거나 아예 없음
친구의 부모와 잘 지내지 못함
사랑에 빠지거나 낭만적인 관계
절교
성교나 다른 성적인 행동
남자친구/여자친구 없음

기타

임신	감염이나 질병
친척의 죽음이나 친구와 멀어짐	아르바이트를 해고당하거나 동아
경제적 환경의 변화	리에서 퇴출당함
식습관의 변화나 다이어트	인간적으로 뛰어난 업적
집이나 학교에서 벌을 받음	수면습관의 변화

당신의 스트레스를 낮추는 방법 사용

스트레스가 발생했을 때 당신은 스트레스를 적게 느끼기 위하여 무엇을 경고받아 준비하여 도움을 받을 수 있는지 알고 있습니다. 그렇지만 좀 더 스트레스를 적게 받기 위하여 당신은 스트레스를 낮추기 위한 좀 더 특별한 방법을 배우고 싶어 할 것입니다. 다음의 네 가지 방법은 많은 청소년과 당신에게 일상적인 스트레스를 낮추는 데 도움이 되는 방법입니다.

- 자신의 감정을 나누어서 정리해 보기
- 문제해결 : ICAAN
- 자기 주장 : DEAL
- 타협하기

자신의 감정을 나누어서 정리해 보기

스트레스의 확실한 신호를 구분하거나 알아채는 것은 스트레스의 다른 측면이 나타나기 전에 스트레스를 줄이는 데 도움이 됩니다. 만약 스트레스를 느낀다면 아래를 보고 스스로에게 질문해 보세요.

- 근육이 굳어지는가, 그리고 굳어진 근육이 나를 괴롭히는가?
- 초조하고 조마조마하고 안절부절못하는가?
- 잠들 때나 자는 동안 어려움을 겪는가?
- 입맛을 잃었거나 불량식품을 선호하고 과식을 하지는 않는가?
- 불안감을 느끼는가?
- 나는 비정상적이고 감정기복이 심하다는 생각이 드는가?
- 지치고 피곤하고 의욕이 없는가?
- 집중하는 것에 어려움을 느끼는가?
- 울음이 터질 것 같거나 쓸데없는 감정에 잘 빠지는가?
- 내가 무언가를 통제할 수 없다고 느끼는가?

이런 스트레스 신호가 있습니까? 만약에 대답이 2개 이상 '그렇다'라면 당신은 스트레스를 받고 있을 수 있습니다. 일단 당신이 느끼는 스트레스를 구분해 보고 그에 대한 방법을 생각할 수 있을 것입니다. 믿을 수 있을지는 모르겠지만 때로는 스트레스나 불안을 아는 것만으로도 스트레스 수준을 낮출 수 있습니다. 당신이 어떻게 느끼는지를 다른 사람이 알 때, 다른 사람들이 당신을 도울 수도 있습니다. 특히 그들 자신이 스트레스의 원인이라면 더욱 그렇습니다.

문제해결 : ICAAN

'청소년의 50가지 스트레스'에 있는 많은 청소년의 스트레스는 당신이 가지고 있고 해결을 원하는 문제의 예입니다. 무슨 일 때문인지 모르겠지만 나의 잘못이 아닌 것으로 동아리에서 탈퇴당하는 상황이나 친구가 많지 않아 외롭다거나, 다른 친구들에 의해 술 담배를 강요당하는 것은 스트레스의 강력한 원인이 될 수 있습니다. 이것들은 확실히 당신이 바꾸어야 할 문제들입니다. 지금부터 시도하기 쉽고 차근차근 할 수 있고 당신의 문제해결 능력을 향상시키도록 돕는 방법을 배울 것입니다. 한 가지 매우 효과적인 방법은 ICAAN이라는 다섯 가지 단계의 방법을 만들어 보는 것입니다. 그 단계는 다음과 같습니다.

내 문제 확인하기(I)
해결방안에 대해 목록 만들기(C)
장점과 단점 평가해 보기(A)
내 생각 적용해 보기(A)
이제 다시 살펴보고 보상하기(N)

ICAAN 방법을 사용하면 아래와 같은 사항을 따라야 합니다.

1. 문제를 확인하고 정의 내려야 합니다. 이를 위해 좋은 방법은 자신에게 물어보는 것이지요. "무엇이 문제일까? 왜 문제일까? 내가 노력하고 있는 것은 무엇일까?" 만약 당신이 문제에 대하여 확실하게 정의 내리지 못한다면 어떻게 정의하면 좋은지 다른 사

람에게 물어보십시오.

2. 문제를 해결할 수 있는 생각의 목록을 만드십시오. 자신에게 질문을 합니다. "어떻게 이것을 수정할 수 있을까?" 이것이 가장 좋은 브레인 스토밍이며 가능한 한 많은 아이디어를 만들어야 합니다. (브레인 스토밍은 질이 중요한 게 아니라 양이 중요합니다!)

3. 각각의 아이디어에 대한 장단점을 평가하고 글로 써보세요. 다른 말로 하면 각각의 아이디어에 대하여 플러스(+)와 마이너스(-)를 보는 것입니다. 이것은 각각의 아이디어가 당신의 문제를 해결하는 데 가장 좋은 방법이라는 결정을 하도록 돕습니다. (장점과 단점을 볼 때 중요한 것은 양이 아니라 질입니다.)

4. 당신의 아이디어를 적용해 보고 실전에 써보세요. 몇 가지 아이디어를 골라 시도해 보는 것입니다. 당신이 노력하기 전까지는 당신의 해결 방안이 무언가를 이루어 낸다는 것을 알 수 없다는 것을 기억하세요.

5. 이제 어떻게 당신의 방법이 활용이 되었는지 다시 한 번 확인하고 당신의 노력에 대하여 칭찬을 해줄 때입니다. 만약 잘 해결하지 못했다면 다시 아이디어의 장단점을 찾는 단계로 되돌아가서 다른 아이디어를 골라야 합니다.

자기주장 : DEAL

자기주장은 낮은 스트레스 상황에서 이용할 수 있는 스트레스를 없애는 세 번째 방법입니다. 주장한다는 의미는 다른 사람이 생각하는 느낌이나 소망을 당신이 어떻게 느끼고 있고 무엇을 원하고 있는지 이야기하는 것을 알아채도록 하는 것을 의미합니다. 안타깝게도 자기주장 (assertiveness)의 의미를 때론 공격적임(aggressiveness)과 혼동하기도 합니다. 공격적이라는 의미는 다른 사람에게 관심 없이 남들보다 먼저 선수치는 것을 말합니다. 둘 사이의 차이는 자기주장의 경우 많은 부분에 대하여 흥미를 포함하고 있지만 공격적이라는 것은 하나의 대상에만 관심이 있다는 것입니다. 때때로 청소년 (그리고 성인)은 공격적이라는 사실을 드러내지 않고자 노력하는 것에 어려움을 느낍니다. 자기주장을 하고 있다는 것을 무시하고 수동적으로 보입니다. 수동적이라는 것은 자신의 권리를 포기하고 다른 사람이 당신의 의견이나 생각을 듣지 않는 것을 이야기합니다. 수동적인 것은 당신으로 하여금 화가 나고, 억울하고 스트레스를 느끼게 할 수 있습니다. 또한 수동성은 공격성 못지않게 당신이 원하는 것을 얻지 못하게 합니다. 심지어 가끔씩 자기주장을 갖는 것도 원하는 것을 얻지 못하게 할 때도 있지요. 그러나 자기주장은 무언가를 무시하거나 다른 사람에게 미루어 버리는 한이 있어도 다른 대안이 있기 때문에 최선을 선택을 할 수 있게끔 할 수 있습니다.

알다시피 많은 경우 다른 사람과 무엇을 같이해야 한다고 할 때 스트레스를 받습니다. 당신의 부모나 선생님이 무언가를 좀 더 많이 해야 된다고 자꾸만 요구합니다. 그렇기 때문에 스트레스를 받을 때, 자기주장은 당신이 하고자 하는 방향으로 움직이거나 적어도 해야 될 것의 목록으로 옮겨갈 수 있도록 도움을 줄 수 있습니다. 그리고 친구가 무언가를 강요해서 스트레스를 받을 때에도 자기주장대로 "싫어."라고 이야기하는 것이 스스로에게 도움이 될 수 있습니다. 좀 더 자기주장적이 되도록 당신을 도울 수 있는 방법은 'DEAL'이라고 부릅니다. 이는 묘사(Describe), 표현(Express), 요청(Ask), 목록(List)의 앞자를 따서 만든 말입니다. DEAL은 예를 들면 당신이 스스로 일어날 수 있도록, 도움을 요청할 수 있도록, 그리고 우정을 지켜나갈 수 있도록 돕습니다. 공격적이거나 밀어붙이는 것 없이 부드럽고 꽤 괜찮은 방법으로 이것은 단계적으로 사용하는 것이 중요합니다. 좀 더 자기주장적이 되기 위하여 아래와 같이 DEAL을 따라해 보세요.

1. 나의 문제 묘사하기(D) 친구와 이야기를 나눌 때 그에게 문제를 이야기하세요. 예를 들면, "이건 네가 세 번째 이야기하는 것인데 넌 내 숙제를 도울 수 있다고 했었어. 그런데 마지막까지 도와주지 않고 있어."

2. 그 문제가 내 기분을 어떻게 만드는지 표현하기(E) 문제에 대하여 묘사를 한 뒤에 다른 사람을 비난하지 말고 당신의 기분이 어떻게 되었는지를 표현하세요. 예를 들면, "한두 번은 괜찮아. 그렇지만 나를 신경 쓰고 있지 않다고 여기게 하지는 말아 줘. 그런 행동이 날 아프게 하고 끝까지 나를 도와줄 수 있는 사람을 찾아야 하기 때문에 스트레스를 받아."

3. 변화 요청하기(A) 일단 문제를 표현하고 어떻게 느끼는지를 썼다면 문제 해결을 위해 당신이 바라는 것을 요청하세요. 해결책을 제안해 보세요. 예를 들면, "네가 내 숙제를 도와줄 수 없다면 도와주지 못하겠다는 말을 우리가 서로 이해한다면 어떨까?"

4. 내 문제를 해결하기 위해 어떻게 돕고 고칠 수 있는지 목록 작성해 보

기(L) 이는 당신의 아이디어로 타인이 동기를 가질 수 있도록 합니다. 예를 들면, "나는 네가 도와줄 수 없다고 직설적으로 이야기한다면 나를 도와줄 수 있는 다른 사람을 찾을 거야. 그렇다면 너에게 더 이상 화가 나지 않겠지."

자기주장성을 갖는 것에 대하여 편안함을 느끼지 못하는 상황이 많을 것입니다. 예를 들면 존경심을 가지고 있는 선생님, 어른들 혹은 선배들 같은 사람들에게 말이죠. 이런 경우라면 자기주장을 하지 않았을 때 생길 수 있는 불이익에 대하여 생각해 보고 친구나 다른 어른들과 당신의 입장에 대하여 이야기하는 것에 대해 상의해 보세요.

역사 선생님은 내가 숙제를 늦게 내서 성적을 낮게 주었다. 나는 제시간에 숙제를 했다고 설명했지만 선생님은 들으려고 하시지도 않았다. 나는 영어 선생님께 숙제를 도와달라고 얘기를 했던 것이고 선생님이 조금 늦게 돌려주셨을 뿐이다. 영어 선생님과 나는 함께 역사 선생님께 이 사실을 말씀드렸다. 우리는 이 상황을 해결할 수 있었고 나는 숙제에서 만점을 받게 되었다.

ㅡ엘리, 14세

타협하기

마지막 스트레스 줄이기 방법은 타협입니다. 타협이라는 말은 두 사람이나 혹은 집단이 절충점을 찾는 것을 의미합니다. **타협**은 갈등을 줄이도록 도움을 줄 수 있고 갈등이 줄어든다는 것은 다른 사람의 수준으로 당신의 스트레스를 낮추게 된다는 의미입니다. 당신이 특별한 상황에 작은 무언가를 기꺼이 하도록 결정할 시간을 주세요. 항복하는 것은 포기한다는 의미가 아닙니다. 만약 당신이 작은 부분 타협을 한다면 당신이 이기는 것입니다. 타협은 토의를 하는 사람들이 느끼지 않는다면 무언가를 얻고 되돌려 줄 수도 없습니다.

타협하기 위해 다음과 같은 단계를 따라해 보세요.

1. 빈 종이에 표를 만듭니다.
2. 왼쪽 칸 가장 위쪽에 '할 수 있는 것'을 쓰고 당신이 할 수 있는 것을 씁니다.
3. 그다음 오른쪽 칸 가장 위쪽에 '확인해야 할 것'을 쓰고 확인하려고 기다리고 있는 것을 씁니다.
4. 그 후에 당신이 할 수 있는 것과 확인해야 할 것을 쓴 내용을 보며 이 둘 사이에 생각나는 것이 있는지를 봅니다. 이것이 타협입니다. 두 가지 상황 사이에서 주의 깊게 생각을 해보며 모든 것을 만족시키는 결정을 내립니다.
5. 마지막으로 당신의 타협과 대면하고 협상을 해봅니다. 때론 첫 번째 타협점은 어려울 수도 있습니다. 당신은 다른 사람들이 가지고 있는 것보다 더 주고 있다는 것을 깨달을 것이며 이것은 기분이 나쁠 수도 있습니다. 만약 그렇다면 표로 되돌아가서 당신의 생각을 다시 한 번 봅니다. 그러고 나서 다른 사람이 첫 번째 타협이 당신을 위한 것이 아니며 다시 노력해 볼 것이라는 것을 알도록 합니다.

스트레스 없애고 계획표 발전시키기

가족, 친구 그리고 학교 스트레스는 모든 청소년에게 영향을 미칩니다. 그러므로 당신이 스트레스를 느낄 때 스트레스의 원인을 분류하는 방법을 배우게 된다는 것은 중요한 일입니다. 이번 장에서 이야기하는 스트레스를 없애는 네 가지 방법처럼 스트레스 대처 방법을 배우고 사용할 수 있다는 것이 중요한 일이죠. 다음의 스트레스를 없애는 방법은 당신이 겪는 스트레스를 확인하도록 도울 뿐만 아니라 당신의 일상적인 스트레스를 없애는 네 가지 방법이나 그중 일부를 사용하는 것을 생각해 낼 수 있도록 합니다.

클레이가 여자친구와 다투는 상황을 다루기 위해 스트레스 없애기 계획을 어떻게 사용했는지 보도록 합시다.

클레이의 스트레스 없애기 계획표

나의 스트레스 : 여자친구 마리아와 싸웠다.

나의 감정 구분하기	짜증 불안의 증가 수면문제 근육의 긴장과 요통 집중하기 어려움

내 문제의 해결책 **ICAAN**	I : 나는 마리아와 오랜 시간 함께 있지 못하는 문제로 싸웠다.
I 내 문제 확인하기 C 해결방안에 대해 목록 만들기 A 장점과 단점 평가해 보기 A 내 생각 적용해 보기 N 이제 다시 살펴보고 보상하기	C : (1) 학교에서 마리아랑 매일 점심먹기 (2) 야구 연습이 끝나고 마리아와 같이 공부하기 (3) 토요일 밤 데이트 (4) 잠자기 전에 매일 마리아에게 전화하기 A : **장점** : 마리아와 시간을 더 보낸다. 마리아가 행복해진다. 우리 관계가 더 좋아진다. **단점** : 내 시간이 없어진다. 친구들과 함께할 시간이 적어진다. 질식할 것 같은 기분을 느낀다. 마리아와 있는 동안 나는 압박을 느낀다. A : 목록에 있는 일부를 실천해 본다. N : 잠자기 전에 매일 마리아와 이야기를 하고 최소한 주말에 무언가를 하나씩 꼭 한다.
자기주장하기 **DEAL**	D : 마리아, 나는 우리가 충분히 함께하고 있다고 생각해. 그렇지만 너는 그렇게 생각하지 않고 나한테 화가 나 있어.
D 나의 문제 묘사하기 E 그 문제가 내 기분을 어떻게 만드는지 표현하기 A 변화 요청하기 L 내 문제를 해결하기 위해 어떻게 돕고 고칠 수 있는지 목록 작성해 보기	E : 나는 우리가 싸우는 것에 대해 불편함을 느끼고 있고 우리가 함께 있었으면 좋겠어. 그러나 나는 내 자유시간, 친구들과 함께하는 시간을 잃을까 봐 걱정도 돼. A : 일주일에 적어도 한 가지씩 무언가를 한다거나 잠자기 전 매일 밤 이야기를 해보면 어떨까? L : 우선 좀 더 많은 이야기를 나누고 주말마다 함께하는 시간을 많이 갖도록 하자.

타협	내가 할 수 있는 작은 것 :	내가 확인해야 할 것 :
	나는 주말을 어떻게 보낼지에 대하여 좀 더 유동적으로 조정할 수 있다.	혼자만의 시간을 갖고 싶다. 친구들 러 놀고 싶다.

당신의 스트레스와 맞붙기

한번 생각해 봅시다. 당신 인생에는 항상 스트레스가 있을 것입니다. 스트레스는 가족, 친구, 그리고 학교로부터 올 수 있습니다. 그러나 당신의 스트레스를 안다는 것은 그것을 다루는 첫 번째 단계라고 볼 수 있습니다. 그리고 이번 장에서 스트레스라고 하는 단단한 생각을 해소하기 위해 몇 가지 스트레스를 없애는 방법을 사용하는 것을 알려주었습니다. 당신은 이 모든 스트레스 해소 방법을 자신의 스트레스 없애기 계획표를 활용하여 사용할 수 있습니다. 그 스트레스가 무엇이든지 스트레스와 맞붙어 싸우기 위해 계획을 세울 수 있고 이는 당신을 불안으로부터 편안하게 만들며 기분을 조절할 수 있게 합니다.

스트레스 없애기 계획표

나의 스트레스 : _____

스트레스 없애기 기본 틀

나의 감정 구분하기	
내 문제의 해결책 **ICAAN** I 내 문제 확인하기 C 해결방안에 대해 목록 만들기 A 장점과 단점 평가해 보기 A 내 생각 적용해 보기 N 이제 다시 살펴보고 보상하기	
자기 주장하기 **DEAL** D 나의 문제 묘사하기 E 그 문제가 내 기분을 어떻게 만드는지 표현하기 A 변화 요청하기 L 내 문제를 해결하기 위해 어떻게 돕고 고칠 수 있는지 목록 작성해 보기	

타협	내가 할 수 있는 작은 것 :	내가 확인해야 할 것 :

영양, 운동 그리고 수면

걱정의 수레바퀴 기억나나요? 걱정의 수레바퀴는 당신의 불안한 마음과 몸이 불안행동을 하게 되는 원인이라고 이야기했습니다. 불안행동은 마음과 몸을 더욱 불안하게 만들고 또 영향을 끼치게 되며 수레바퀴는 끊임없이 돌고 돕니다. 어떻게 돌고 있는 수레바퀴를 멈추게 할 수 있을까요? 이전 장에서 우리는 어떻게 마음을 편안하게 만드는지에 대하여 이야기해 보았습니다. 그렇다면 당신의 몸은 어떻게 관리해야 될까요? 몸을 어떻게 관리하는가가 불안한 마음에 영향을 미치게 되고 결과적으로 불안에도 영향을 미치게 됩니다. 당신은 바른 먹거리를 먹고 있나요? 잠을 충분히 자고 있습니까? 운동은 열심히 하고 있나요? 이런 모든 것들이 당신의 기분을 결정합니다. 그리고 이들은 서로 영향을 미치고 있습니다. 이번 장에서는 영양, 운동 그리고 수면에 초점을 맞추며 당신이 편안한 마음과 몸을 가질 수 있도록 각각에 대한 좋은 방법과 정보를 주도록 하겠습니다.

건강한 식사

사춘기는 몸이 빠르게 성장하고 칼로리와 영양이 많이 요구되는 시기입니다. 청소년은 뼈 성장을 위해 칼슘이 많이 필요하고 근육을 키우기 위해 단백질이 필요합니다. 고등학생 시절은 학업과 운동량이 증가하게 됩니다. 그렇기 때문에 적절한 영양이 신체의 에너지로써 더욱 중요해집니다. 그러나 불행히도 청소년기에는 관심, 에너지의 증가 등을 알고 있지만 건강한 식생활을 하는 것이 점점 더 어려워지기도 합니다. 식사를 거르기도 하고 간단한 식사나 당이 높은 식사, 대충 때우는 식사를 하기도 합니다. 포화지방, 화학 조미료, 정제당을 과섭취하거나 식사를 거르면 주요 영양소가 파괴되고 신체는 적절하게 기능하지 못하게 되며 스트레스와 불안을 조절하는 자율성을 잃어버리게 됩니다.

   당신의 매일매일 식단에 있어서 어떤 음식을 피해야 하고, 어떤 음식을 섭취해야 하는지 결정하는 것은 쉽지 않은 일입니다. 텔레비전, 라디오, 잡지 그리고 신문에서는 청소년의 다이어트, 영양 조언, 간단하게 먹을 수 있는 음식, 식이조절 다이어트 패드 광고 등이 쏟아져 나오고 있습니다. 때로는 이런 것들이 맞는 것인지 판단하기 어려울 때가 있습니다. 또한 당신은 어떻게 보이는가에 대하여 걱정하기 때문에 자동판매기나 다이어트 식사를 하는 친구에게 '그것이 맞는 것'이라고 강요받아 집에서 싸온 건강한 도시락을 먹지 않을 수도 있습니다. 그 외에 당신이 집에 머무를 수 없을 만큼 바쁜 일정과 낮에 계속 밖에 있는 것이 건강한 식사를 하지 못하게 하는 이유가 됩니다. 그렇기 때문에 당신이 매일 무엇을 먹어야 하는지 생각하고 언제라도 가능하다면 건강한 음식을 먹도록 노력해야 한다는 것입니다. 이 지시의 작은 단계는 당신으로 하여금 영양을 좀 더 높일 수 있을 뿐 아니라 그렇게 함으로써 당신의 불안한 마음과 몸을 통제하도록 도울 수 있습니다. 이 다음에서는 올바른 식사 습관을 지니도록 미국소아과학회에서 권고하는 기본적인 추천에 대하여 이야기하겠습니다. (만약 당신이 당신의 영양 습관, 식이요법 교정이 필요한 의학적 상태에 대하여 걱정을 하고 있거나 당신이 스스로를 과체중 혹은 저체중이라고 믿고 있다면 그 걱정에 대하여 의사나 영양사와 상담할 것을 권합니다.) 우리는 당신이 시도해 보고 싶어 할 만한 몇 가지 계획과 전략을 소개하도록 하겠습니다.

건강한 식사 습관 : DGA

과학자와 의학 전문가들은 북미지역 사람들의 식사 습관에 대하여 매우 걱정합니다. 전문가들은 성인과 아동 모두에게서 극단적인 비만이 생겨나고 있다고 생각하고 있습니다. 이에 대비하여 연방정부는 건강을 증진하고 질병에 대한 위험을 줄이기 위한 식이 가이드(Dietary Guide for American, DGA)를 만들었습니다. 이 가이드는 세 가지의 중요한 개념으로 잡혀 있습니다. 내용은 다음과 같습니다.

1. 모든 식품군에서 골고루 선택하라.
2. 무엇을 먹는지와 무엇을 할 것인지의 사이에서 균형을 만들어라.
3. 식사하는 칼로리에서 최대한의 영양소를 얻어라.

첫 번째 개념은 어떠한 제한이 있어도 약간의 유동적이고 균형 있는 식사 계획을 세우라는 것입니다. 이렇게 한다면 빠르고 쉽게 세 번째 개념을 고려하게 됩니다. 식사의 1/3은 단백질 (고기나 콩류), 1/3은 과일과 채소, 나머지 1/3은 탄수화물(곡류와 전분)로 구성합니다. 또한 여기에는 약간의 기름과 지방, 그리고 염류(이것은 많은 식품에 포함)뿐 아니라 비타민 A, C, 철분, 칼슘과 같은 필수 비타민, 미네랄을 포함합니다. 최신 식이 가이드는 청소년이 매일 1,300mg의 칼슘을 섭취할 것을 권장하고 있습니다. 대부분의 청소년은 신체가 자라는 데 필요한 만큼의 칼슘을 섭취하지 않고 있습니다. 더구나 식사나 간식은 일일 권장량을 초과해서 먹고 있지요. 만약 식사 계획에 대해 관심이 있다면 의사 선생님이나 영양사 선생님과 상의해 보세요.

두 번째 개념은 무엇을 먹는지와 무엇을 할 것인지 사이에서 균형을 만들라는 것입니다. 적정한 양을 먹고 매일 적정한 정도의 운동을 하세요. (당신의 몸을 편안하게 하기 내용을 다시 보세요.) 신체적으로 활발한 활동을 하지 않을 때 많은 양의 식사를 하는 것은 당신의 식사량과 활동 정도가 균형 있지 않다는 의미입니다. 비슷하게 당신이 무엇을 먹고, 과하게 운동을 한다는 것 또한 건강한 것이 아닙니다.

세 번째 개념은 당신이 먹는 음식으로부터 영양적으로 가장 우수하도록 선택을 잘하는 것을 강조합니다. 초코바 하나는 218칼로리입니다. 저지방 모차렐라 치즈 스틱 하나는 216칼로리입니다. 그러나 치즈는 초코바에 비해 칼로리는 비슷하지만 영양 면에서 더 뛰어납니다.

균형 잡힌 식사 : 건강의 피라미드

당신이 건강한 식사를 선택하도록 돕는 또 다른 방법은 미국 농무부에서 나온 식사 피라미드를 보고 식사 균형을 맞추기 위해 따르는 것입니다. 우리는 당신이 이를 이전에 본 적이 있을 것이라고 확신합니다. 피라미드는 매일 식사에서 6개의 식품군을 골고루 섭취할 것을 권고합니다. 그것은 (1) 곡류, (2) 채소류, (3) 과일류, (4) 우유, (5) 육류와 콩류, (6) 기름과 지방입니다. 각 식품군의 양을 결정하는 것은 당신의 나이, 성별, 키와 몸무게, 활동수준 등에 따라 다양하게 매일 결정합니다. 당신의 개인적인 계획을 만들기 위하여 농무부 홈페이지에 로그인하여 나의 식사 피라미드(www.MyPyramid.gov)를 살펴보세요. 그렇지 않으면 좀 더 심각하게 당신의 나은 식사에 대하여 생각을 한다면 영양사와 이야기해 볼 것을 부모님께 이야기해 볼 수도 있습니다. 영양사 선생님은 청소년에게 특별히 필요한 것이 무엇인지 균형 잡힌 식단을 짜줄 수 있는 전문가입니다.

식품 레이블 읽기

식품의 영양 성분 레이블을 읽고 이해하는 것은 당신이 먹는 식사와 간식에 식품의 양과 영양소가 풍부한 것을 고를 수 있게 도움을 줍니다. 식품 레이블은 식품 안에 있는 영양소에 대한 정보를 주며 2,000칼로리의 식사를 기준으로 하루에 필요한 각각의 영양소를 나타내고 있습니다. (물론 당신의 식이 상태에 대해 더 많거나 적은 양의 칼로리가 필요할 수는 있습니다.) 이후에 음식을 고르게 된다면 식품 영양 성분 레이블을 체크하세요. 레이블은 찾기 쉽고 보통 음식 포장의 옆이나 뒤에 붙어 있습니다. 추천할 만한 특정한 음식의 제공 크기는 레이블의 가장 윗부분에 있습니다. 하루 영양소와 식품에 있는 영양소, 비타민의 양이 그램이나 밀리그램(1/1000그램)으로 표기돼 있습니다. 모든 식품은 지방, 탄수화물, 단백질, 섬유질뿐 아니라 비타민 A, C, D와 칼륨, 칼슘 같은 미네랄을 포함하고 있습니다. 레이블이 소비자인 당신에게 제공하는 것은 당신의 식사나 간식에 이용되는 식품의 타입과 양을 정하는 데 일관적인 기준을 제공합니다. 특히 식품 안에 있는 칼슘의 양을 레이블을 통해 확인하십시오. 대부분의 청소년은 너무 적은 양의 칼슘을 섭취하는데 레이블을 잘 읽는다면 하루에 필요한 적합한 양의 중요 미네랄을 먹을 수 있도록 도움을 받을 수 있을 것입니다. 식품 영양 성분을 잘 읽을 수 있는 방법을 배우기를 원한다면 영양사 선생님이나 의사 선생님과 이야기해 보세요.

건강한 패스트푸드와 편의식

건강한 패스트푸드도 가능합니다! 집에서 먹는 식사도 때론 건강하지 않을 수 있습니다. 패스트푸드인 더블치즈버거 같이 너무 높은 정제 지방, 소금, 화학 조미료를 함유하고 있을 수 있습니다. 매일 식단에서 패스트푸드를 먹는 것을 권장하지 않음에도 불구하고 상황에 따라 패스트푸드를 먹는 것이 합리적일 때도 있습니다. 현명한 선택을 한다면 말이죠. 가령, 샐러드 위에 크림 소스를 뿌려 먹지 않고 대신 비니거 오일 같은 소스를 먹는 것입니다. 튀긴 감자 대신 구운 감자로 대체하고, 탄산음료 대신 물이나 우유를 마시는 겁니다. 추가 소스 없는 햄버거를 먹거나 생선이 들어간 버거를 먹습니다. 마지막으로 할머니의 규칙을 기억해 보세요. 모든 것이 적당한 정도입니다. 할머니는 음식을 먹을 때 한 번에 다 먹지 않고 잘라서 드시고 조금씩 먹는 게 좋다고 하시는데 백 퍼센트 옳은 말씀입니다. 어떤 특정한 음식에 대하여 스스로 제한을 두는 것은 그 음식에 대하여 강하게 먹고 싶은 열망을 가질 수 있고 그것이 주어졌을 때 너무 많이 먹게 될 수 있습니다. 점심식사로 버거, 튀김, 셰이크를 먹지 않는 것은 한 달에 한 번 먹는다거나 하루에 한 번 먹는 것을 비교해 보았을 때 덜 위험하다는 것이지 매우 올바른 방법이라는 이야기가 아닙니다.

다이어트를 위해 패스트푸드를 끊고 싶지 않다는 것을 알았다. 나는 초코셰이크랑 감자튀김을 진짜 너무너무 좋아한다! 그러나 그것들을 많이 먹는 것이 나쁘다는 것도 알고 있다. 그래서 어린이 사이즈의 작은 크기의 셰이크와 감자튀김을 절반 나누어 친구와 먹기로 결심했다. 그리고 내 친구와 나는 페스트푸드를 먹는 대신에 금요일에는 학생식당에 가서 간단하게 밥을 먹기로 하였다. 내 식단은 좋아질 것이다. 내가 좋아하는 음식만 먹고 싶은 것은 아니다.

―엘리, 14세

카페인, 설탕, 다른 불안 자극물 피하기

당신은 어떤 음식이나 물질들이 당신의 스트레스나 불안을 자극한다는 사실을 알면 놀랄 것입니다. 모든 청소년이 이런 것에 민감한 것은 아니지만 어떤 청소년들에게는 불안의 신체적 증상이나 불안한 상황을 더 나쁘게 느끼는 것 같은 신체 반응이 이러한 물질들에 의해 활성화된다는 것을 발견할 수 있었습니다. 당신의 몸과 마음의 기능이 괜찮다는 것을 확실히 하려면 어떤 음식이 당신의 몸을 괴롭고 불편하게 하는지, 불안이나 공황 같은 불편한 반응의 원인이 될 수 있는지 함께 검토해 보면 좋을 것 같습니다.

카페인은 먹고 난 다음 불안과 불편함, 시간이 빨리 가는 것 같은 기분을 불러일으킬 수 있는 자극제입니다. 너무 많은 양의 카페인을 섭취하면 신체는 매우 큰 불안을 느끼게 되고 만약 당신이 불안에 대해 걱정을 하고 있다면 정말로 걱정의 수레바퀴에서 돌게 됩니다. 재미있게도 초코바나 음료수에 들어 있는 적은 양의 카페인도 떨림을 경험하게 할 수 있고 심박수를 증가시키며 만약 이 자극에 예민하다면 불안이 급작스럽게 밀려오는 것을 느낄 수도 있습니다. 그뿐만 아니라 어떤 식품 알레르기는 당신을 불안하고 어지럽고 불편하며 혼란스럽거나 기분이 나쁘게 만들 수 있습니다. 당신은 또한 두통이나 수면장애를 겪을 수도 있지요. 이러한 증상들은 문제가 되는 약물에 대항하기 위한 신체의 반응이며 섭취 후 이것은 수 분에서 수 시간 동안 발생할 수 있습니다. 다시 말해, 이러한 증상들은 불안한 청소년이 공황발작을 경험하는 동안이나 극심한 불안 에피소드를 경험하는 동안 겪는 것과 비슷할 수 있으며 또한 불안을 증폭시키는 시작이 될 수도 있습니다. 만약 당신이 식품 알레르기가 있거나 이러한 증상을 나타나게 하는 식품이나 물질에 대해 의문이 있다면 부모나 의사 선생님에게 어떻게 당신이 매일 먹는 식단에서 이러한 것들을 줄이거나 제거할 수 있는지 이야기해 보세요.

마지막 불안 자극은 음식물이나 포도당을 기준치보다 적게 먹었을 때 혈류에 어떤 일이 생기는가 입니다. 적게 섭취했을 때 나타나는 증상을 **저혈당증**이라고 하며 혈당 수준이 낮은 것을 의미합니다. 혈당이 너무 낮게 떨어지면 당신은 오한, 땀, 어지러움, 메스꺼움과 같은 불편한 감각을 느끼고 심장도 더 빨리 뛰게 될 것입니다. 만약 이런 증상들이 불안과 비슷하다고 생각한다면 당신의 생각이 맞습니다. 이들은 공황발작을 겪을 때의 증상이나 급성 불안을 느낄 때와 매우 흡사하다고 보고하고 있습니다. 저혈당증은 일반적으로 당뇨가 있는 사람들에게 있지만 그렇지 않은 사람에게도 나타날 수 있습니다. 보통 저혈당은 혈당 수준이 가장 낮은 상태를 의미하는 것으로 식사 후 몇 시간 이후에 생겨나거나 아침에 일어나자마자 느낍니다. 만약 당신이 식사를 하고 얼마 지나지 않은 시점이나 한밤중에, 혹은 아침에 일어나자마자 불안하고 초조한 기분을 느낀다면 당신이 저혈당을 경험하고 있다는 것입니다. 이러한 일이 일어날 때 당을 먹거나 증상이 사라지는 것을 관찰해 보세요. 확실한 패턴과 무엇을 먹었을 때 증상이 줄어들거나 사라지는지를 당신이 저혈당증인지 결정할 수 있는 의사와 이야기하기를 권고합니다.

당신의 마음을 편안하게 하는 연습

만약 당신이 대부분의 청소년과 상황이 비슷하다면 어렸을 때보다는 운동을 하지 않을 것입니다. 여기에는 두 가지 이유가 있습니다. 첫 번째, 당신은 8살 때보다 지금 더 바빠졌습니다. 해야 할 숙제도 많아졌고 사회생활도 바빠졌지요. 자유시간도 더 줄었습니다. 청소년의 운동량이 줄어든 또 다른 이유는 고등학교에 가면서 운동이 경쟁이 되어 버렸기 때문입니다. 청소년은 즐기기보다는 잘하도록 강요받고 팀으로 운동을 하여 스트레스 받는 것을 싫어하게 되었습니다. 정기적으로 운동하는 것은 어렵다 하더라도 운동하는 것은 분명히 중요합니다. 당신은 건강한 신체가 건강한 마음을 만든다는 것과 그 반대도 마찬가지라는 것을 알고 있습니다. 사실 정기적인 유산소 운동은 실제로 당신의 뇌 구조를 변화시킵니다. 그뿐만 아니라 운동은 당신이 좀 더 명확하게 생각하고 스트레스와 불안을 감소시키는 데 도움이 되도록 좀 더 나은 기분과 강인함을 줍니다. 마지막으로 유산소 활동은 고혈압을 줄임으로써 심장 박동을 좀 더 효율적으로 뛰도록 도움을 줍니다. 당신은 고혈압은 어른들한테만 나타난다고 생각할 수 있습니다. 그렇지만 그 생각은 틀렸습니다. 5% 이상의 어린이와 청소년이 고혈압과 싸우고 있습니다.

많은 것들이 그러하듯 무언가를 안다는 것은 좋은 것이지만 당신이 그것을 한다는 뜻은 아닙니다. 당신은 운동하는 것을 두려워하여 피할 수도 있습니다. 그러나 운동은 체육시간에 뜀뛰기를 해야 하는 것이나 수영장을 50바퀴 돌아야 하는 것은 아닙니다. 심혈관 운동은 중간 정도 강도의 30분 운동입니다. 운동은 재미있을 수 있고 심박이 뛰게 하는 운동으로 당신이 즐길 수 있는 신체적인 활동을 포함시킬 수도 있습니다. 다음 장에 있는 목록을 보고 당신이 할 만한 운동을 3~5개 정도 골라 보세요. 그리고 이런 활동을 하루 중 언제 할 수 있는지 결정하세요. 가능한 한 현실적으로 정하고 가족과의 식사, 피아노 레슨, 과외를 하고 있다면, 일과는 상관없는 방과 후 자전거 타기 같은 것을 하세요. 마당에서 후프 던지기 같은 것을 30분 하는 것도 좋을 수 있습니다.

가사일	골프	눈 치우기
걷기	공 던지기	다이빙
경보	기계체조	달리기
계단 오르기	농구	댄스

라켓볼	스케이트	줄넘기
라크로스	스케이트보드	축구
럭비	스쿠버 다이빙	치어리딩
레슬링	스쿼시	카누 젓기
로데오	스키	카약
롤러블레이드	스트레칭	컬링
무술	승마	탁구
배구	아이스하키	테니스
배드빈턴	암벽 등반	팀 핸드볼
보디빌딩	야구	파워리프팅
볼링	양궁	펜싱
산악 자전거	에어로빅	프리스비
서핑	요가	필라테스
소프트볼	원예	하이킹
수영	윈드서핑	하키
수중 에어로빅	육상 경기	핸드볼
수중 폴로	자전거 타기	헬스

위에 있는 활동이 재밌어 보이지 않는다면 심혈관에 좋은 영향을 줄 수 있고 즐길 수 있는 활동을 찾아보십시오. 예를 들면, 피구와 홀라후프는 30분 동안 방 안에서 춤을 추는 것과 동일한 효과의 유산소 운동입니다. 새로운 것을 찾아내 보세요! 일단 당신이 3~5개 정도 활동을 찾는다면 이 장의 끝부분에 있는 나의 건강 계획표에 적어 놓으십시오.

당신의 Z 얻어내기

매일 아침 알람은 눈이 꼭 풀로 붙인 것 같은 상태로 당신이 침대에서 빠져나오기 전까지 몇 번이고 꺼지지 않나요? 마치 안개 속에 있는 것처럼 등교해서 몇 시간은 멍하지 않나요? 자기 자신에게 이런 말을 자주 하지는 않나요? "진짜 좀 더 자야 될 것 같아. 어떻게 해야 되지?"라고 말이죠. 만약 당신이 "그렇다."라고 대답한다면 당신은 혼자가 아니라는 이야기입니다. 전문가들에 의하면 청소년이 제대로 활동하기 위해서는 최소한 9시간의 수면이 필요하다고 이야기합니다. 2006년 미국국립수면재단에 의하면 12~19세 사이의 청소년은 그에 훨씬 못 미치는 수면을 취하고 있는 것으로 나타났습니다. 더욱이 연령이 높은 청소년은 잠을 덜 자게 되지요. 우리는 고등학생 중에 절반이 11시나 혹은 그 이후에 잠을 자고 있다는 것을 알고 있고 대부분 학교에 가기 위하여 6시 반에는 일어나는 것을 알고 있습니다. 이러한 숫자는 하루에 평균적으로 7.5시간을 잔다는 것을 의미하고 있습니다. 비록 청소년이 주말에 잠을 몰아서 잔다고 하여도 평균적으로는 8.9시간밖에 되지 않습니다. 이는 청소년이 취해야 할 수면 시간에 미치지 못한다는 것을 의미하죠.

수면 전문가인 메리 캐스캐던 박사는 청소년이 충분히 잠을 자지 못하는 어려움을 탱크에 연료가 가득 차 있지 않은 것과 유사하다고 설명했습니다. 매일 청소년은 적거나 텅 비어 버린 수면 탱크를 가지고 하루를 시작합니다. 낮 시간 동안에는 그 탱크를 채울 방법은 없죠. 만성적으로 수면 탱크가 비어 있는 것은 성적 부진, 좋지 않은 기분, 불안 증가, 운동할 때의 부상, 자전거 사고의 증가 등과 같은 결과를 초래합니다. 우리는 아마 당신의 부모님은 당신이 일찍 잠자리에 들라고 이야기할 것이라고 생각하고 있습니다. 그러나 당신은 학교생활을 좀 더 잘해야 되기 때문에 일찍 잠자리에 들려고 하지 않는다는 걸 알고 있습니다. 이 둘을 어떻게 중재하면 좋을까요. 당신이 적은 자극을 받고 점차 느린 상태로 가야 할 시점에 텔레비전, 온라인 엔터테인먼트, 게임 등은 당신을 흥분되고 활동적으로 만들어 버립니다. 늦은 수면은 생체시계라고도 부르는 일주리듬을 바꾸어 놓고 이런 현상은 청소년이 11시까지 깨어 있고 활동적인 상태로 있도록 하는 동시에 6시 30분에 일어나서 하루를 준비하는 데에 어려움을 느끼도록 하는 부족한 취침주기를 만듭니다. 그렇다면 어떻게 해야 될까요?

낮은 수면 탱크의 신호

수면을 늘리기 위한 첫 번째 단계는 당신의 수면 탱크가 비어 간다는 신호를 알아채는 것입니다. 국립수면재단의 7가지 일반적인 리스트는 당신의 몸과 마음이 원하는 만큼의 수면을 취하지 못했을 때 나타나는 신호입니다. 목록을 읽고 당신에게 적용이 되는 정신 노트를 만들어 보십시오.

- 아침에 일어나기가 어렵고 낮시간에 계속 하품을 한다.
- 학교에서 문제가 발생하거나 지각을 한다.
- 하루 종일 깨어 있고 집중하기 위하여 카페인에 의존을 한다.
- 학교에서 깨어 있는 것이 어렵고 수업 중에는 잔다.
- 잠을 덜 자게 되면 짜증, 불안, 분노의 감정이 나타난다.

- 너무 많은 학구적이고 과외 수업이 필요한 스케줄이다.
- 매일 45분 이상의 낮잠을 자거나 평소에 비하여 주말에는 2시간 이상 잠을 더 잔다.

만약 이 중에 몇 가지를 경험한다면 당신은 충분한 수면을 취하고 있지 않다는 의미입니다. 만성 피로는 주의 집중과 관련한 실제 문제입니다. 당신이 찾아야 하는 다른 신호들은 잠을 자는 동안 코를 골거나 숨 쉬는 데에 어려움을 겪는 것입니다(수면 무호흡의 가능성이 있습니다.) 다리에 쥐가 나거나 따가운 느낌, 불면의 연장 등은 숙면을 취하는 것을 막습니다. 이런 증상을 가지고 있다면 의사 선생님과 상의하십시오. 이것들은 당신이 수면 문제를 겪고 있다는 신호이며 수면 습관이 좋다 하더라도 피로하게 만드는 원인이 됩니다. 수면전문가와 만나는 것이 좋습니다.

수면일지 쓰기

당신이 충분히 잠을 자고 있지 않거나 수면에 문제가 있다고 생각한다면 다음 단계는 당신의 수면 습관을 알아내기 위하여 수면일지를 쓰는 것입니다. 일단 매일 얼마나 잠을 자고 있는지 알 수 있고 적당히 자는 수준인 9시간을 자는 것을 방해하는 요소를 찾을 수도 있습니다. 그리고 당신은 건강한 수면 계획을 세울 수 있게 되는 것이죠. 당신의 수면 스케줄은 어떻게 보이나요? 아마 매일 같은 시간에 꽤 규칙적으로 잠자리에 들 것입니다. 그러나 이는 일정하지 않을 수 있고 어느 날 밤은 학교 과제 때문에 늦게까지 깨어 있을 수도 있겠지요. 또 어떤 날은 친구와 늦게까지 깨어 있을 수도 있고 다음 날은 계속 졸립고 일찍 잠자리에 들 수도 있어요. 1~2주 동안 수면일지를 쓰다 보면 당신이 얼마나 많이 자고 있는지를 알 수 있고 그 수면이 충분한지, 그리고 잠을 자는 데에 질적으로나 양적으로 뭐가 좋은지를 알 수 있습니다. 이 장의 뒷부분에 있는 '나의 건강 계획표'를 이용하여 현재의 수면 상태와 새로운 수면 목표를 작성해 보세요.

바른 수면 습관 배우기

마지막 단계는 당신의 수면에 대하여 양적, 질적 증진을 목표로 나쁜 습관을 없애는 것이지요. 어떤 것들은 매우 명확하여 카페인을 먹지 않거나 어떤 특정 행동들을 잘라내 버리면 됩니다. 당신이 잠자기 전에 너무 많이 공부를 하고 있다거나 사회활동이나 과외활동 등을 하고 있다면 그 활동을 줄이는 것이죠. 여기에 전문가로부터 듣는 좋은 수면 습관을 키우고 건강한 수면을 취할 수 있는 몇 가지 사소한 방법이 있습니다.

- 주말을 포함하여 매일 한결같이 잠자는 시간을 정하고 일어나는 시간을 정한다.
- 점심 시간 이후에는 그 어떤 종류의 카페인 음료도 마시지 않는다.
- 잠들기 1~2시간 전에는 아무것도 먹지 않는다.
- 낮 시간에는 운동을 하고 잠자기 몇 시간 전에는 운동을 하지 않는다.
- 잠자기 1~2시간 전에는 몸을 이완시켜 편안하게 한다. 전자기계를

모두 끈다. 화면에서 나오는 희미한 불빛도 뇌의 활동을 느리게 하거나 잠을 자도록 준비하는 것을 방해한다. 대신 책이나 잡지를 읽거나 음악을 듣고 목욕을 하는 것은 좋다.

- 잠을 잘 잘 수 있도록 방의 환경을 바꾸어 본다. 햇빛을 가리는 커튼이나 무거운 암막 커튼을 설치하고 안대나 편안한 옷을 입는 것도 좋다. 잠을 잘 때 우리 몸은 온도가 낮아지기 때문에 커튼은 실내 온도와 체온에 도움을 준다. 마지막으로 환풍기를 사용하는 것이 소음을 막을 수도 있다.

- 자연스럽게 잠을 청한다. 30분 안에 잠들지 못한다면 그것과 싸우지 마라. 침대에서 빠져나와 책을 보거나 그림을 그리는 것 같은 조용한 활동을 하라. 졸리기 시작하면 침대로 돌아가라. 여전히 30분 동안 잠이 들지 않는다면 다시 반복하라.

- 방에서 디지털 시계를 사용한다면 불빛이 강하지 않은 것으로 바꾸어라. 밝은 불빛의 시계는 잠에 빠져드는 데에 방해가 되며 잠을 못 자는 것에 대하여 걱정을 하게 할 것이다.

- 잠을 자는 방에서 하는 행동을 제한하라. 잠을 빼앗아 가는 텔레비전 보기, 숙제하기, 전화통화 등의 일들을 하지 마라.

당신이 할 수 있는 전략들을 해보겠어요? 이러한 변화를 얻기 위하여 부모에게 도움을 요청하고 싶을 거예요. 171쪽 '나의 건강 계획표'를 이용하여 수면 계획에 포함하고 싶은 것을 적어 넣으세요.

난 수면을 좀 더 잘할 수 있도록 바꾸려고 노력했어요. 8시 이후에는 밥을 먹지 않으려고 했지요. 숙제는 10시 이전에 끝내려고 했고요. 내가 잘 못하는 것은 다음날 공부를 하는 것이나 약간 시간이 더 있을 때 주말에 좀 더 하는 것이에요. 나는 최소한 잠자기 한 시간 전에는 컴퓨터와 텔레비전을 끄려고 하고 잠들기 쉽도록 책을 읽고 편안한 음악을 들어요. 마지막으로 나는 숙제는 가족들의 방에서 하려고 하고 내 방에서는 잠자거나, 책 읽기, 음악 듣기, 친구들과 노는 정도로만 이용하려고 해요. 이런 것들은 나에게 내 방은 스트레스나 걱정 같은 것이 없는 고요하고 평화로운 곳으로 생각하게끔 도와줘요.

－클레이, 17세

월경전 증후군 다루기

월경전 증후군(PMS)은 최소한 절반의 여성에게서 나타나고 있으며 심리적인 증상과 신체적인 증상 모두를 포함합니다. PMS와 관련된 많은 심리적 증상들은 공황장애에서 나타나는 증상과 비슷하고 급성 불안 에피소드인 불안, 공황, 긴장, 불편함, 우울, 쳐짐, 피로, 기억의 문제 등과도 비슷합니다. PMS의 심리적·신체적 증상을 줄이기 위하여 이 시기에 가까워지는 날짜에 작지만 중요한 변화가 필요합니다.

달력을 이용하여 월별 주기를 보고 그때가 가까워질 때 당신의 공황(공), 불안(불), 기분(기)의 상태가 어떠한지 얼마나 나쁜지를 적어 보세요. 각각의 증상을 0점에서 10점(0＝전혀 그렇지 않다, 10＝최악으로 좋지 않다)로 매일매일 각각의 항목에 대하여 평가를 합니다. 예를 들면, '공＝3, 불＝4, 기＝6' 이런 식으로요.

먹는 습관에 대해서도 변화가 필요합니다. 또한 운동과 수면도 중요합니다. 이러한 변화들은 그 기간 동안 당신의 스트레스, 불안, 별로 좋지 않은 기분 등을 좋아질 수 있도록 도와줄 수 있을 것입니다. 그리고 음식의 양을 줄이는 것뿐 아니라 많은 양의 설탕, 소금, 지방을 섭취하지 않아야 합니다. 이러한 식품들은 단백질, 잡곡, 과일, 채소들로 대체합니다. 또한 운동은 신진대사를 도와 당신의 몸이 효과적으로 한 달 동안 생성된 독소를 제거하도록 돕습니다. 이는 특히 월경 7일 동안 중요합니다.

　잠을 줄이지 마십시오. 이것은 매우 중요합니다. 할 수 있다면 좀 더 쉴 수 있도록 하고 생리주기 전이나 그 주기 동안 숙면을 취하도록 하세요. 비록 이런 제안들이 당신이 경험하는 모든 심리적·신체적 증상을 없앨 수는 없지만 월경 전에 느끼는 이런 증상들을 줄이는 데에 도움이 될 수 있습니다. 그러나 만약 당신의 증상이 좀 더 심각하거나 이러한 제안들이 뚜렷하지 않다면 주치의 선생님이나 산부인과 의사 선생님에게 상황을 이야기해 주세요.

나의 건강 계획표 세우기

이제 당신은 당신의 신체와 좋은 음식을 먹는 것, 운동, 잠을 잘 자는 것 등이 마음에 어떤 영향을 미치는지 좀 더 알게 되었습니다. 그리고 자신에게 맞는 개인 건강 계획표를 세울 준비가 되었죠. 일반적인 영양에 관한 것, 운동 목표, 숙면을 취하는 방법 등에 대하여 뒤에 나오는 양식을 이용해 보세요.

나의 건강 계획표

영양

새로운 습관으로 바꾸고 싶은 옛 습관의 목록을 작성하세요.	
예전의 나쁜 습관	새로운 건강한 습관

운동

가장 위 칸에 가장 괜찮은 운동 3~5개를 적어 보세요. 그리고 매일매일 30분 정도 할 수 있는 활동을 요일별로 적어 보세요.

내가 괜찮다고 생각 하는 운동	
월	
화	
수	
목	
금	
토	
일	

수면일지

요일	잠드는 시각	잠 깨는 시각	총 수면 시간	오늘 내 기분 (0=너무 힘듦~ 10=매우 맑음)
월				
화				
수				
목				
금				
토				
일				

평균적인 수면 시간 : 일주일 간의 모든 수면 시간을 더하십시오. 그 숫자를 7로 나누어 봅니다. 만약에 일상적인 잠의 패턴이 5일이라고 하면 5일 밤의 수면 시간을 모두 더하고 5로 나누면 됩니다. 가령 잠의 패턴이 이번 주와 지난주가 다르다면 몇 주 동안의 수면을 추적할 수도 있습니다.

나의 평균 야간 수면 시간 : [＿＿＿＿＿]

이상적으로 생각하는 야간 수면 시간 : [8.5~10]

나의 수면 목표는 매일 밤 [＿＿＿＿＿] 시간 더 자는 것이다.

나의 수면을 좋아지게 하는 아이디어

1. ＿＿＿＿＿＿＿＿＿＿＿＿＿＿＿＿＿＿＿＿＿＿

2. ＿＿＿＿＿＿＿＿＿＿＿＿＿＿＿＿＿＿＿＿＿＿

3. ＿＿＿＿＿＿＿＿＿＿＿＿＿＿＿＿＿＿＿＿＿＿

4. ＿＿＿＿＿＿＿＿＿＿＿＿＿＿＿＿＿＿＿＿＿＿

5. ＿＿＿＿＿＿＿＿＿＿＿＿＿＿＿＿＿＿＿＿＿＿

궤도에 올라 유지하기······ 거의 매일!

불안은 마음속에 무슨 일이 일어나고 있는지와 신체에서 무슨 일이 일어나고 있는지가 혼합된 형태이기 때문에 당신의 몸을 보살핀다는 것은 마음을 보살피는 것만큼 중요합니다. 이 장에서는 신체와 마음의 에너지를 증가시키기 위하여 어떤 좋은 음식을 먹고 적당한 운동과 효과적인 휴식을 취하는지, 그리고 원치 않는 스트레스와 불안을 줄이는지 강조했습니다. 그러나 만약 당신이 항상 맞춰진 일상대로 따르지 못한다면 어떤 일이 일어날까요? 혹은 틀에 박힌 생활을 하고는 있지만 4일 정도 되는 연휴나 휴가 때문에 일상 궤도에서 벗어나는 것은 어떨까요?

첫째, 약간 궤도에서 벗어났다고 하여 스스로를 너무 채찍질하지는 마세요. 그것은 불가피한 것입니다. 완벽이 아니라 유동적으로 하도록 노력하세요. 당신이 좀 더 일찍 어떤 날에 대하여 알 수 있다면 미리 계획을 세워 보는 것도 괜찮습니다. 다시 말해 균형 잡힌 식사를 할 수 없거나 포화 지방, 정제당을 먹는 것을 피할 수 없다면 말입니다. 예컨대 주말에 이모네 집에 놀러 가게 되었는데 기름에 튀긴 닭고기와 비스켓을 먹게 되는 것과 같은 일이죠. 그럴 때는 2개를 먹고 싶어도 한 개만 먹는 것입니다. 오후 시간에 비스킷에 잼을 발라 먹는 대신 과일을 약간 먹는 것이죠. 혹은 비가 와서 정기적으로 바깥에서 하는 농구를 하지 못하게 된다면 집 안에서 할 수 있는 운동으로 대체해야 합니다. 그러나 어떤 문제를 가지고 무엇인가를 하는 것에 대해 아무 생각이 나지 않는다면 며칠 동안의 식사, 운동, 잠의 패턴이 이상적으로 생각했던 것과 다르다는 것을 받아들이고 다시 처음으로 돌아가면 됩니다.

때때로 처음으로 돌아가는 것은 새로운 날의 시작이 됩니다. 그렇지만 그렇게 되어서는 안 되겠지요. 이것은 처음 당신이 아침을 걸렀거나 자판기에서 점심거리를 뽑아 먹었을 때 혹은 전날 밤에 잠을 5시간밖에 자지 않았다는 사실을 알았을 때 낮에 그럴 수 있어요.

가능한 한 빨리 유동적으로 궤도로 돌아오려고 하세요. 더군다나 휴일에 무엇을 해야 할지 정하지 않아서 건강하지 않은 음식을 먹거나 휴일에 하루 종일 소파 위에서 휴식을 취했고 잠자리에 늦게 들었다면 말입니다. 만약 당신이 완벽한 건강 계획을 생각한다면 장기적으로 유지하기 어려운 이유에 대해서도 생각을 해야 하며, 반면 갑작스러운 계획 차질에 유동적으로 궤도로 돌아오기 위한 더 나은 계획을 제대로 갖추어야 합니다. 이것이 미래에 좀 더 나은 나의 건강 계획표를 세우는 데 도움을 줄 것입니다.

직접적으로 약에 대해 이야기하기

때론 불안을 극복하기 위해 정말 열심히 노력해 다른 도움을 더 받는 것을 결심해야 할 때가 있습니다. 때론 그것은 심리치료를 의미할 수도 있고 또 때로는 약물일 수도 있습니다. 우리는 심리사 선생님으로부터 부차적인 도움받는 것에 대한 이익을 이야기한 적이 있습니다. 그래서 이번 장에서는 약에 대해서 이야기해 보려고 합니다. 특히 약이 언제 어떻게 당신에게 필요로 하는지를 살펴보고 불안과 공황을 다루기 위해 계획의 한 부분이 되는 것에 대해 이야기하겠습니다. 몇 가지 들어 본 적이 있는 약물에 대한 잘못된 개념에 대하여 살펴보고 약물에 대하여 고려해야 할 것에 대하여 이야기해 보겠습니다. 또한 불안한 청소년에게 처방되는 일반적인 약에 대한 정보를 알리고 당신이 사용해 보고 싶은 약을 결정할 수 있도록 도움을 주도록 하겠습니다.

언제 약이 도움이 될까

당신이 약을 사용하고 싶은 데에는 많은 이유가 있습니다. 연구자들은 약이나 심리치료를 단독으로 활용하는 것보다 함께 사용하는 것이 많은 청소년에게 도움이 된다고 보고하였습니다. 약은 구명조끼처럼 당신을 도울 수 있습니다. 구명조끼는 물 위에 둥둥 떠 있을 수 있도록 도와주지요. 그러나 구명조끼는 당신이 물에서 헤엄쳐 나와 해변으로 갈 수 있도록 할 수는 없습니다. 그와 비슷하게 약은 당신의 걱정과 두려움을 낮은 강도 수준으로 만들어 이 책에서 이야기하고 있는 걱정의 수레바퀴를 천천히 움직이게 하는 데 성공적일 수 있습니다.

무엇이 당신으로 하여 그렇게 될 수 있도록 만드는 것일까요. 만약 당신이 심리치료를 고려하고 있고 여전히 매우 불안하거나 걱정스럽다면 약을 사용할 수 있습니다. 만약 당신이 정말 열심히 공부나 일을 하고 있는데 모든 게 마치 '한 계단을 올라가면 두 계단을 내려오는 것

나는 무서워하는 세균에 직면하는 문제에 있어서 큰 진척을 이루어 냈습니다. 그렇지만 우리 심리사 선생님은 내가 내 계획에 약을 더 추가한다면 더 나을 거라고 생각하고 있었어요. 약에 대해서 선생님이 처음 이야기했을 때, 나는 선생님이 내가 충분히 열심히 하고 있지 않다고 생각하시는 게 아닐까 생각했어요. 나는 열심히 하고 있었다고요! 그리고 처음에 내가 약은 아니라고 했던 이유이기도 하죠. 또 나는 내 스스로 해내기를 정말 원했고 약에 의지하고 싶지 않았어요. 심리사 선생님은 약을 먹는 것이 비겁한 것이 아니고 내 불안한 마음을 다스리는 데에 좀 더 도움이 될 거라고 이야기해 주셨어요. 나를 위해 결심을 했지요. 약을 먹는다고 해서 나빠질 것은 없고 시작해 보기로요. 그리고 알고 있나요? 한두 달이 지난 후 나는 훨씬 기분이 좋아졌어요. 약과 심리치료를 병행하는 것은 정말 도움이 되었어요.

─민, 16세

같은 기분'을 느끼기 때문에 문제를 느낀다면 약을 먹을 수도 있습니다. 만약 당신이 극도로 불안하고 공황이 올 것 같아서 학교에 가거나 수업을 듣는 데에 너무나 큰 어려움을 느낀다면 이 시간을 통하여 도움을 받기 위해 약을 먹는 것을 고려할 수 있습니다. 혹은 만약 우울하거나 주의력결핍 과잉행동장애(ADHD)가 있다면 약을 먹기를 원할지도 모릅니다.

일반적인 약에 대한 오해

약을 사용해 보기로 결정을 했든 아니든 이것은 큰 결정입니다. 그리고 이 장 이후에 우리는 당신을 도울 수 있고 부모가 결정을 할 수 있도록 하는 전략을 알려드리겠습니다. 우리는 약을 먹는 것에 대한 플러스와 마이너스와 부작용, 그리고 건강에 문제점이 있는지를 알아볼 겁니다. 그러나 먼저 우리는 약에 대한 직설적인 이야기를 해볼까 합니다. 때때로 청소년들은 약을 먹으려고 하지 않습니다. 왜냐하면 청소년들은 약에 대해 간단하고 잘못된 사실을 알고 있기 때문입니다. 우리는 이런 것들을 약에 대한 오해라고 합니다. 어떤 사람들은 아래와 같은 생각을 합니다.

- 약을 먹는 것은 내가 실패했다는 것을 의미한다.
- 약을 먹는 것은 내가 통제할 수 없다는 것을 의미한다.
- 약을 먹는 것은 내가 나약하다는 것을 의미한다.
- 약을 먹는 것은 내가 이상해지는 것이다.

- 약을 먹는 것은 내 성격이 이상해지는 것이다.
- 약을 먹는 것은 나에게 도움이 되지 않는다.

이 모든 것은 사실이 아닙니다! 그러나 계속해서 여섯 가지의 일반적인 약에 대한 오해를 읽고 이 중에서 진실을 골라내 봅시다.

약을 먹는 것은 내가 실패했다는 것을 의미한다   어떤 청소년들은 약을 먹는 것이 심리치료를 하는 것이나 스스로 걱정을 관리하는 것을 실패한 것이라고 생각합니다. 우리는 그렇게 보지 않습니다. 만약에 당신이 이 책을 활용하고 있거나 심리사 선생님을 만나고 있다면 우리는 당신이 불안이나 두려움을 극복하기 위하여 매우 열심히 노력하고 있다는 것을 알 수 있습니다. 그리고 불안과 걱정을 다루는 법을 배우는 것은 이기거나 지는 것, 혹은 성공이나 실패로 생각할 수도 없습니다. 이는 단지 당신의 특별한 상황에 맞추어 가장 좋은 결정을 하는 것이고 당신이 좀 더 나은 기분을 느낄 수 있도록 돕는 옳은 방법을 취하는 것입니다. 스스로에게 물어보세요. 당신의 가장 친한 친구가 약을 사용하지 못하고 있다고 생각해 보세요. 당신은 뭐라고 하겠습니까? "그래, 너는 완벽한 패배자니?"라고 할 건가요? 아닙니다. 우리는 그렇게 생각하지 않을 거예요. 대신 우리는 좀 더 지지적으로 이야기하고 그가 겪을 힘든 시간을 알아주며 그가 좀 더 좋아질 수 있도록 돕는 무언가 다른 시도를 하는 것에 대하여 기뻐해 줄 것입니다. 아마도 우리는 그의 용기를 칭찬하겠지요. 그렇기 때문에 만약 우리가 약을 사용하기로 결정하였다면 당신이 실패했다는 것을 의미한다고 생각하지 마세요. 그것은 당신이 좀 더 나아지고 의사 선생님이나 심리사 선생님이 당신의 목표에 도달할 수 있다고 믿는, 할 수 있는 모든 선택사항을 시도하는 것입니다.

약을 먹는 것은 내가 통제할 수 없다는 것을 의미한다   때때로 청소년들은 어떤 이유에서든지 약이 스스로가 증상을 통제할 수 있는 것을 실패하게 만든다고 생각하기 때문에 약을 사용하지 않으려고 합니다. 만약 당신이 약에 대한 이런 오해를 들어 본 적이 있다면 스스로에게 "무엇을 통제하지 못하게 되는 것이지?" 하고 물어보세요. 또 만약에 자신의 몸을 통제하지 못할 것 같아서 걱정이 된다면 오히려 약을 먹음으로써 몸을 더 잘 통제할 수 있게 된다는 것을 알게 될 것입니다. 많은 경우 불안 그 자체가 우리의 몸을 통제할 수 있는 범위 밖으로 내몰아 버립니다. 약이 당신의 불안을 감소시키고 의사 선생님이 그렇게 되기를 바란다면 우리는 당신이 더 잘 통제하게 될 것이라고 생각할 수도 있습니다. 당신은 이미 수백만 명의 사람들이 그 증거로 있다는 것을 생각해 볼 수 있습니다. 물론 만약 그들이 모두 다 잘 되었던 것은 아니지만 우리는 그것에 대하여 생각해 볼 필요가 있다는 것이죠.

약을 먹는 것은 내가 나약하다는 것을 의미한다   많은 경우 청소년들은 약을 먹는 것이 목발을 짚는다거나 비겁한 행동이라고 생각합니다. 이런 사람들은 자기가 불안이나 두려움을 스스로 다룰 수 있다고 생각을 하고 약을 먹는다면 그것은 자신이 나약한 것을 의미한다고 여깁니다. 이것은 사실과 다릅니다. 이따금씩 우리는 일을 쉽게 배우기 위해 무언가를 이용합니다. 자전거를 처음 배울 때를 생각해 보세요. 아마도 자전거 위에서 균형을 잡아 페달을 밟고 떨어지지 않기 위해서 보조바퀴가 있는 자전거로 연습했을 것입니다. 수영을 처음 배울 때도 생각해 보세요. 물 위에 머리를 내놓기 위해서 물 위에 뜨는 판을 잡고 연습을 했을 거예요. 보조바퀴는 페달을 밟으며 주차장을 가로지르게 했나요? 물에 뜨는 판은 수영장을 가로지르도록 했나요? 물론 대답은 '아닙니다!'입니다. 당신 스스로가 한 거예요. 보조바퀴도 아니었고, 물 위에 뜨는 판도 아니었습니다. 당신은 사람들이 기술을 배울 때 도움이 되는 데 필요한 것이나 조금 더 쉽게 배울 수 있는 것들을 여러 가지 생각해 낼 수 있을 겁니다. 약은 보조바퀴나 물 위에 뜨는 판과 같은 것입니다. 이 책에서 소개한 편안한 마음과, 편안한 몸의 기술이나 혹은 다른 심리치료적인 방식들과 함께 약은 당신이 불안과 두려움을 다루는 데에 조금 더 쉽게 그것을 배울 수 있도록 도울 수 있습니다.

약을 먹는 것은 내가 이상해지는 것이다   때때로 청소년들은 약이 어떤 중요한 방식으로 자신들을 변화시키거나 그들이 이상하거나 다르게 느껴지도록 할 것이라고 걱정합니다. 이는 사실입니다. 약은 당신을 다르게 느끼고 다른 방식으로 행동하도록 합니다. 그러나 이것은 당신이 불안을 덜 느끼고 덜 두려워하면서 행동하기 때문입니다. 덜 불안하다고 하는 것은 당신에게 흔한 일이 아닐 수도 있습니다. 어쨌든 당신이 몇 년 동안 불안을 느꼈다면 이제는 편한함을 느낄 때입니다. 그것은 이상한 경험일 수도 있지요. 비록 부작용 중 어떤 것이 다르게 느껴지는 것이라고 해도 이러한 현상의 대부분은 몇 주가 지나면 사라지게 될 것입니다.

약을 먹는 것은 내 성격이 이상해지는 것이다   이에 대하여 이야기하는 것은 어렵습니다. 그렇지만 어떤 청소년은 약이 자신의 성격을 바꿀 것이라고 생각합니다. 이 사람들은 약이 자기를 재미없고, 창의적이지 않으며 바보같이 만든다고 생각할 수 있습니다. 이는 약물에 대한 커다란 오해입니다. 당신이 불안하지 않았을 때를 생각해 보세요. 이완되어 있고, 재주가 있었고, 자신감이 있었을 겁니다. 긴장하지 않고 재주가 많으며 자신감이 있는 당신은 당신의 성격 중에 일부입니다. 불안은 당신의 이런 성격을 숨겨 버리곤 합니다. 약은 당신의 성격을 바꾸지 않습니다. 대신 불안을 사라지게 하고 숨어 있던 당신의 일부를 밝게 드러내게 한답니다.

약을 먹는 것은 나에게 도움이 되지 않는다   청소년들이 생각하는 마지막 약에 대한 오해는 약이 도움이 되지 않는다는 것입니다. 약이 대부분의 청소년에게 도움이 된다는 것을 알고 있기 때문에 이것은 오해입니다. 어떤 청소년에게 약은 큰 도움이 됩니다. 그리고 어떤 청소년에게는 그다지 도움이 안 되기도 합니다. 실제적인 질문을 해보겠습니다. 그리고 도움이 되는 질문이기도 해요. "약이 나에게 도움이 될까?" 약을 잘 활용해 보지 않는다면 의사 선생님, 부모, 그리고 심지어 당신까지도 이 질문에 대한 답을 모릅니다. 약이 도움이 되지 않는다는 오해는 이 질문에 대하여 대답하는 데에 정말 방해가 됩니다. 때때로 당신은 우울하기 때문에 이런 오해를 믿습니다. 그리고 많은 것들이 당신에게 도움이 되지 않는다고 믿습니다. 이런 것들이 이유라고 한다면 약은 정말로 당신을 호전시킬 수 있습니다. 다시 말하지만 사용해 보지 않고서는 알 수 없습니다. 의사 선생님, 심리사 선생님, 그리고 부모는 약이 당신에게 도움이 될 가능성에 대하여 당신이 좀 더 희망적으로 느낄 수 있도록 도와주실 수 있습니다. 그분들에게 말씀드려 보고 뭐라고 답하시는지 들어 보세요.

　당신은 이러한 약에 대해 오해하고 있습니까? 다음의 표를 보고 당신이 알고 있는 약에 대한 오해에 대해 '그렇다', '아니다', '그런 것 같다'에 동그라미를 쳐보세요. 이 표에는 없지만 당신이 알고 있는 약에 대한 오해가 있다면 아래에 쓰고 부모나 심리사 선생님에게 가지고 가서 이 오해에 대하여 검증해 볼 수도 있고 원하는 도움을 받을 수도 있을 것입니다.

약에 대한 나의 오해

지시 : 당신이 알고 있는 약에 대한 모든 오해에 '그렇다', '아니다', '그런 것 같다'에 동그라미를 쳐보세요.

약을 먹는 것은 내가 실패했다는 것을 의미한다.	그렇다	아니다	그런 것 같다
약을 먹는 것은 내가 통제할 수 없다는 것을 의미한다.	그렇다	아니다	그런 것 같다
약을 먹는 것은 내가 나약하다는 것을 의미한다.	그렇다	아니다	그런 것 같다

약을 먹는 것은 내가 이상해지는 것이다.	그렇다	아니다	그런 것 같다
약을 먹는 것은 내 성격이 이상해지는 것이다.	그렇다	아니다	그런 것 같다
약을 먹는 것은 나에게 도움이 되지 않는다.	그렇다	아니다	그런 것 같다
기타	그렇다	아니다	그런 것 같다
기타	그렇다	아니다	그런 것 같다

불안에 쓰이는 약

앞으로 소개할 약에 대한 긴 목록을 읽는 것은 힘든 일일 수 있습니다. 가장 아랫줄에는 이렇게 써 있습니다. "약을 복용하기로 결정했다면, 환자 및 의사가 약을 잘 활용할 수 있는 여러 가지 방법이 있습니다." 약에 대하여 더 알고 싶다면 책의 뒤쪽에 있는 부록의 웹사이트 정보를 통해 알아볼 수 있습니다. 특히 미국 식품의약국(FDA)은 다음에 소개할 약과 기타 다른 약에 대한 최신 정보를 제공하고 있습니다.

SSRIs

청소년에게 가장 일반적으로 사용되는 불안 약은 선택적 세로토닌 재흡수 억제제(selective serotonin reuptake inhibitors, SSRIs)라고 부르는 약입니다. 의사들은 우울하거나 불안한 사람들에게 이 약을 자주 처방합니다. 흥미롭게도 불안과 우울은 뇌에서 같은 화학적인 변화를 일으키며 그렇기 때문에 불안하거나 우울한 사람들에게 같은 뇌 화학적인 표적에 이 약을 사용하고 있습니다. 연구자들은 SSRIs가 뇌에서 세로토닌(뇌의 화학적인 물질 혹은 신경전달물질)의 활성화를 촉진시킨다고 생각합니다. SSRIs는 시탈로프람(셀렉사), 에스시탈로프람(렉사프로), 플루옥세틴(프로작), 플루복사민(루복스), 파록세틴(팍실), 세르트랄린(졸로프트)을 포괄합니다. 보통 의사 선생님은 낮은 수준의 SSRIs로 약을 시작을 하고 몇 주에 걸쳐서 서서히 늘려갑니다. 이러한 이유로 이런 약의 효과를 몇 주 안에 확실히 느끼게 됩니다. 초기 몇 주 동안은 대부분의 청소년에게 약한 수준으로 부작용을 경험할 수도 있습니다.

다른 SSRIs는 다른 형태의 부작용이 나타날 수 있습니다. 예를 들어 어떤 청소년은 세르트랄린이나 플루옥세틴에 대하여 속도가 빨라지는 경험을 하거나 에너지가 넘치는 경험을 할 수 있습니다. 그러나 플루복사민과 파라옥세틴에 대해서는 평안해지거나 침착해지는 느낌을 받을 수 있습니다. 때론 의사 선생님이 SSRIs를 사용하기 시작하거나 용량을 늘릴 때 당신은 신체적으로 가만히 있지 못한 느낌을 받거나 힘이 붙는 느낌을 가질 수도 있습니다. 또 다른 가능한 부작용은 메스꺼움, 두통, 신경질, 수면장애, 신경과민, 무분별함 등이 있습니다. 때때로 청소년들은 이러한 약에 대한 성적인 부작용을 겪을 수도 있지만 이것을 의사 선생님과 이야기하기에는 당황스러울 수도 있습니다. 부작용이 무엇이든 간에 우리는 당신이 부작용에 대하여 그리고 어떻게 변화시킬지에 대하여 의사 선생님과 이야기를 나누는 것을 권합니다. 다시 말해 모든 청소년들이 같은 방식으로 SSRIs에 반응하는 것이 아니고 똑같은 부작용을 경험하지도 않습니다. 의사 선생님은 청소년들이 부작용을 관리하는 것을 돕거나 청소년에게 영향을 미치는 또 다른 SSRIs의 부작용을 찾는 것에 매우 큰 도움이 됩니다.

SNRIs

불안을 치료하는 또 다른 최신 항우울제는 세로토닌-노르에피네프린 재흡수 억제제(serotonin-norepinephrine reuptake inhibitor, SNRIs)입니다. 이 약물은 SSRIs처럼 세로토닌에 작용할 뿐 아니라 노르에피네프린이라고 하는 다른 뇌 화학물질에 작용합니다. SNRIs에는 벤라팍신(이펙사)과 둘록세틴(심발타)이 있습니다. 이런 약들의 부작용은 SSRIs와 비슷합니다. 그리고 SSRIs처럼 이 약은 최상의 효과가 나타나는 데 몇 주가 걸립니다. 과학자들은 청소년을 대상으로 치료하기 위해 이 약에 대하여 SSRIs만큼 연구를 하지 않았습니다. 그러나 SNRIs는 SSRI만큼이나 안전하며 청소년들은 약에 대한 부작용을 잘 다루는 경향도 있습니다.

벤조다이아제핀

벤조다이아제핀은 특정하게 불안을 표적으로 하는 약입니다. 이 약은 SSRIs보다 효과가 빠르고 만약 당신이 이 약을 쓴다면 거의 즉각적으로 불안이 해소된다고 보고할 것입니다. 벤조다이아제핀은 공황발작을 빠르게 없애 주지만 항우울제만큼 이후에 찾아오는 공황발작을 차단시키지는 못합니다. 더욱이 의사 선생님은 항우울제가 불안을 완전히 없애는 것을 기다리는 동안 초기에 벤조다이아제핀을 다른 항우울제와 함께 처방하곤 합니다. 연구자들은 벤조다이아제핀이 뇌 안에 있는 또 다른 신경전달물질인 GABA(gamma-amino-butyric acid) 수준을 증가시키는 작용을 한다고 생각합니다. 벤조다이아제핀에는 알프라졸람(자낙스), 클로르다이아제폭사이드(리브리움), 클로나제팜(클로노핀), 다이아제팜(발륨), 로라제팜(아티반) 등이 있습니다.

어떤 청소년은 벤조다이아제핀이 기분을 나른하게 만들거나 학교생활에 집중하기 어렵게 만든다고 말합니다. 다른 부작용으로는 피로, 혼란스러움, 협동하기 어려움 등이 있습니다. 또한 주치의 선생님이 약을 먹거나 먹게 할 수 없다고 말할 수도 있습니다. 대체로 의사 선생님은 당신이 불안이나 공황을 겪고 있는 동안 그것을 해소하기 위해 벤조다이아제핀을 처방하려고 하겠지만 일반적으로 몇 달 동안 지속적으로 복용하는 것을 권장하지는 않습니다. 그 이유는 어떤 사람들은 이 약에 의존을 하고 같은 효과를 얻기 위하여 더욱더 많은 용량을 요구하기 때문입니다. (벤조다이아제핀을 처방받은 많은 사람들이 그랬던 것은 아니지만 그런 경향도 있습니다.) 이런 이유나 혹은 다른 이유로 벤조다이아제핀은 공황발작이 빈번하고 극심한 정도가 아니라면 청소년에게 사용할 때 의사 선생님이 첫 번째로 생각하는 약은 아닙니다. 만약 의사 선생님이 벤조다이아제핀을 권고한다면 약이 당신에게 어떤 영향을 미치는지에 대하여 의사 선생님과 함께 모니터링하면서 당신이 무엇을 원하는지 지켜봐야 합니다.

부스피론

당신이 이 약물에 어떻게 반응하는지에 따라 의사 선생님은 **부스피론**

(부스파)이라고 부르는 다른 약을 제안할 수도 있습니다. 이 약은 SSRIs 보다는 벤조다이아제핀처럼 작용을 하고 성인에게서 불안이나 우울을 완화시키는 것으로 보입니다. 비록 우리는 청소년에게 얼마나 좋은 작용을 하는지 많은 정보를 가지고 있지 않다 해도 많은 의사들은 이약물이 청소년을 도울 수 있고 이 약에 대해 청소년들이 부작용을 많이 겪고 있지 않기 때문에 사용할 만한 가치가 있다고 생각합니다. 이약은 작용하기까지 몇 주가 걸립니다. 이 약은 당신의 불안 수준이 높다면 특별한 효과가 없으며, 한 가지 약물로 효과가 나타나는 것도 아닙니다. 그런 경우라면 의사 선생님은 SSRIs를 최선의 선택으로 둘 것입니다. 또한 의사 선생님은 SSRIs에 부스피론을 추가해서 처방하는데 그 이유는 SSRIs의 효과를 높여주기 때문입니다. 이는 적은 용량의 SSRIs로 높은 효과를 얻을 수 있으며, 부작용을 덜 경험할 수 있음을 의미합니다.

TCAs

때론 의사 선생님은 불안장애를 치료하기 위하여 **삼환계 우울증제제** (tricyclic antidepressants, TCAs)라고 하는 오래된 타입의 우울증 약을 추천하기도 합니다. SNRIs와 같이 이 약은 뇌 안의 세로토닌과 노르에피네프린의 농도와 활성도에 작용합니다. 그러나 청소년들은 다른 신약에 비하여 부작용을 더 경험하곤 합니다. 이런 이유로 TCAs는 당신의 불안을 낮추기 위하여 선택을 하는 첫 번째 대안이 아닙니다. TCAs로는 일반적으로 아미트립틸린(엘라빌), 클로미프라민(아나프라닐), 데시프라민(노르프라민), 이미프라민(토프라닐), 노르트립틸린(파멜로) 등과 같은 약이 있습니다. 이 약들은 때때로 심장의 전기적 시스템에 영향을 미치거나 어떤 청소년에게는 발작을 증가시키기 때문에 의사 선생님은 적정량을 찾기 위해 혈중 약물 농도를 지켜보기를 바랄 것입니다. 또 의사 선생님은 약을 사용하기 전에, 그리고 당신이 약을 먹는 기간 동안 장기적으로 약의 사용을 반복할 수 있는지의 여부를 알기 위하여 EKG나 ECG(심전도 : 심장활동에 따라 발생하는 전기변화를 기록한 그림) 등을 사용해 보기를 원할 수도 있습니다. 비록 많은 청소년이 이러한 심각한 문제를 경험하지 않는다 하더라도 입이 건조해지거나, 변비, 어지러움, 졸음, 흐릿한 시야 같은 부작용을 경험할 수 있습니다.

무엇을 기대할 수 있을까

약을 먹기 시작하면 어떤 효과를 기대할 수 있는지를 이야기하는 것은 어렵습니다. 왜냐하면 같은 약을 사용한다 하더라도 사람마다 다르게 반응할 수 있기 때문이지요. 나이, 성별, 몸무게, 신체의 화학작용 등이 큰 차이를 만들어 냅니다. 그러나 기억해야 할 가장 중요한 것은 약을 먹기 전과 비교했을 때 더 낫다는 것입니다. SSRIs는 약물이 최적의 효과를 나타내기 위하여 4~6주가량 소요될 수 있습니다. 그래서 인내하는 것이 중요하며 최선을 다해 약을 사용해 보는 것이지요. 또한 의사 선생님도 천천히 시작하고 싶어 할 것이고 서서히 사용을 한다면 많은 부작용이 일어나지 않을 것입니다. 그리고 당신이 사용하게 될 첫 번째 약이 오로지 그 약 하나뿐일 것이라고 추측하지 마세요. 때로는 그 약이 당신에게 맞을 수도 있지만 당신에게 더 잘 맞는 약을 찾기 위해 시도해 보는 약일 수도 있습니다. 또 한 가지 적정 용량을 찾는 데 시간이 필요합니다. 만약 SSRI가 당신에게 잘 작용하면 의사 선생님은 9~12개월 정도 약을 사용하고 싶어 할 것이고 혹은 그 이상이 될 수도 있습니다. 그것은 이 책과 심리사 선생님의 도움을 받아 불안을 공부하고 다루는 시간을 스스로에게 주는 것입니다.

약을 사용한 지 얼마 되지 않아 나는 평소보다 좀 더 초조해하고 신경이 예민하다는 것을 느꼈어요. 사라질 것 같지 않은 약한 두통도 느꼈고요. 그것은 이상한 느낌이었는데 처음으로 이것들을 스스로 다루어 보기로 결심했어요. 그렇지만 이에 대해 먼저 엄마에게 말씀드리고 나서 의사 선생님께 이야기를 했어요.
초조한 기분과 두통은 약으로 인한 일반적인 부작용이고 그것은 몇 주 후면 사라지는 것이었어요. 정상적인 부작용은 모든 것을 다루기 쉽도록 만든다는 걸 알기 때문에 이야기할 수 있어요.

−민, 16세

모든 약이 추가적으로 원하지 않는 효과의 원인이 될 수 있습니다. 예를 들면, 아스피린과 같이 안정적인 약도 청소년에게 발진을 일으킬 수 있습니다. 어떤 청소년은 항우울증이나 항불안제제에 대하여 부작용이 전혀 없을 수도 있습니다. 이는 전적으로 개인에게 달린 문제입니다. 약을 시작했다면 가장 솔직하게 의사 선생님께 무엇을 느끼는지 계속 확인하고 이야기를 해드리고 궁금한 것은 질문해야 합니다. 당신에 대하여 가장 잘 알고 있는 사람은 스스로라는 것을 기억하고 당신이 어떻게 느끼고 있는지를 의사 선생님이 모르신다면 선생님은 당신

을 도울 수 없다는 것을 잊지 마세요.

모든 항우울제제(SSRIs, SNRIs, TCAs 등)는 심리적으로 약한 청소년들에게 들뜨는 기분(조증)의 원인이 될 수 있고 양극성장애(조울증)의 위험이 있습니다. **조증은** 우울증의 반대 증상입니다. 이는 마치 천하무적이 된 것처럼 힘이 넘치고 잠을 자고 싶지 않으며 행복감을 느끼거나 비정상적인 기분입니다. 이런 것들은 좋은 특징인 것처럼 보이기도 합니다. 그렇지만 사실 정말 문제를 만들어 내곤 합니다. 조울증의 가족력이 있다는 것은 조증과 같은 증상을 증가시키지만 약으로 인한 조증은 가족력이 없어도 발생할 수 있습니다.

불안을 조절하기 위하여 파록세틴(파실)을 복용한 청소년에게 자살에 대한 위험성이 높다는 두려운 이야기를 읽을 수 있었을 것입니다. FDA는 이에 대한 내용을 연구했지만 청소년에게 항우울제가 자살에 대한 생각을 확실히 증가시킨다는 확실한 증거를 찾을 수 없었습니다. 그러나 FDA는 항우울제가 자살에 대한 생각을 증가시킬 수 있다는 경고 안내 표지를 부착할 것을 권고하였습니다. 만약 당신에게 이 문제가 위험하다면 그것에 대하여 의사 선생님과 이야기하여 확실히 하세요.

약을 사용할 것인가 아닌가에 대한 결정

많은 청소년에게 약을 사용할 것인가 아닌가를 결정하는 것은 어려운 것입니다. 이러한 과정에서 당신이 도움을 얻기 위하여 약을 먹었을 때의 장점과 단점을 생각해 보고 써보세요. 그렇게 하는 데에 그리 긴

시간이 걸리지는 않을 것입니다. 그리고 정말 결정을 하는 데에 도움이 될 것입니다. 부모님이 이미 약을 복용하는 것에 대하여 이야기했다면 이것을 부모님과 함께해 보세요. 아마도 부모님은 이미 의사 선생님과 이야기를 하셨거나 약을 먹고 있는 다른 아이의 부모님과 이야기를 했을 것입니다. 당신에게 나타날 수 있는 약에 대한 장점과 단점에 대하여 좋은 아이디어를 얻었을 것입니다. 민의 장점과 단점에 대한 리스트를 보고 당신의 리스트를 만들어 보세요.

다음과 같은 단계로 당신의 장점과 단점 리스트를 만들어 보세요.

1. 종이 한가운데에 두 개의 칸이 있는 T-차트를 만드세요.
2. 왼쪽 칸의 가장 윗쪽에 '약을 먹었을 때의 장점'이라고 적어 보세요. 그 칸에는 약을 먹었을 때 생각할 수 있는 모든 이로운 점을 적으세요. 오른쪽 칸의 가장 윗부분에는 '약을 먹었을 때의 단점'이라고 적고 아랫부분에는 약을 먹었을 때 생각할 수 있는 모든 것을 적으세요.
3. 마지막으로 양쪽 모두를 읽어 보고 결정할 수 있는지를 보세요. 당신 리스트의 아랫부분에 당신의 결정을 적어 보세요. 만약 여전히 확실하지 않다면 부모, 심리사 선생님, 혹은 당신을 응원하는 사람들과 함께 검토해 보면서 생각해 보세요.

민의 장점과 단점 리스트

약을 먹었을 때의 장점	약을 먹었을 때의 단점
• 언마가 말씀하시기로 스테파니가 약을 먹고 도움을 많이 받았다고 하셨다. 아마 나에게도 도움이 될 것이다. • 나는 심리치료를 열심히 받고 있지만 두려움을 주는 불안을 이때금씩 느끼고는 한다. 아마도 나의 심리사 선생님이 이야기하신 대로 약간의 약을 사용하는 것은 심리치료에 도움이 되고 불안 감소를 성공시킬 수도 있다. • 때때로 불안은 나를 갉아먹고 있는 것 같다. 약을 먹는 것은 아마도 몸을 갉아먹는 것 같은 느낌을 줄일 수 있을 것이다.	• 내가 약을 먹는 것을 친구들이 알게 된다면 친구들은 내가 일종의 정신병에 걸렸다고 생각할 것이다. • 약을 먹게 된다면 불안과 관련된 문제를 가지고 있다는 것을 인정하게 되어 버리는 것 같다. • 부작용을 느낄지도 모른다. • 약을 먹는 것은 귀찮고 부모님에게 내가 약을 먹어야 한다는 것을 계속 일깨우게 될 것이다. 게다가 그러고 싶지 않다.

약에 대하여 부모에게 이야기하기

만약 약을 사용하고 싶다고 생각한다면 첫 번째 단계는 (아직 이야기해 보지 않은 경우) 부모님께 말씀을 드리는 것입니다. 왜냐하면 불안이라는 것은 당신 안에서 일어나는 그 무엇이기 때문에 당신이 어떻게 불안을 느끼는지 부모님은 모를 수도 있습니다. 부모님께 알리세요. 때때로 부모보다 청소년 자신이 먼저 약을 먹어 보려고 생각하는 경우가 많습니다. 그건 괜찮아요. 그 문제에 대하여 이야기를 꺼내는 것이

어렵다면, 심리사 선생님이 계시다면 그분이나 혹은 학교 상담실 선생
님이나 의사 선생님처럼 당신을 지지해 줄 수 있는 사람과 이야기하세
요. 그래도 여전히 부모님과 이야기하는 것이 어렵다면 당신을 도와줄
수 있는 사람과 함께 부모님을 만나 약 복용의 장점과 단점을 이야기
하는 것은 어떨까요. 아마도 이 사람은 당신을 도울 수 있을 것이고 그
를 통해 이야기하기가 쉬울 것입니다. 그리고 당신을 위한 가장 좋은
방법을 찾아낼 수도 있겠죠. 이러한 이야기를 하기 위하여 당신은 장
점과 단점에 대한 리스트를 사용할 수 있을 것입니다.

부모님과 의사 선생님과 함께하기

약을 복용하기로 결정했다면 그다음 단계는 팀으로 함께하는 것입니
다. 물론 그 팀은 당신과 당신 부모님입니다만 또 다른 중요한 팀 멤버
는 약을 처방하는 의사 선생님입니다. 처방전은 주로 만나는 의사 선
생님이 쓸 것이고 때론 다른 선생님이 할 수도 있습니다. 때로는 자주
보는 의사 선생님이 항불안제나 항우울제 약물을 처방하는 것에 대하
여 불편해할 수도 있습니다. 그래서 다른 정신건강의학과 의사 선생님
을 추천할 수도 있어요. 이런 것들은 매우 자주 일어나는 일이고 이것
은 당신에게 무언가 심각하게 나쁜 일이 일어났다는 것을 의미하는 것
은 아닙니다. 정신건강의학과 의사 선생님은 정신건강장애와 관련한
진단과 치료를 조금 더 전문적으로 하는 사람이지 다른 의사 선생님과
다르지 않습니다. 그분들은 항불안제와 항우울제에 대한 체계적인 훈
련을 받았으며, 전문적인 지식이 많고 청소년들을 다루는 특별한 수련
을 받았습니다.

보통 평가를 받기 위하여 정신건강의학과 의사 선생님을 가장 처음 만나게 되고 의사 선생님이 약이 도움이 될 것이라는 생각을 한다면 (당신과 당신 부모님 또한) 선생님은 당신과 부모님과 함께 약을 사용했을 때의 안 좋은 점과 부작용에 대하여 상의하고 약 중에 하나를 사용할 것입니다. 또한 선생님은 당신이 이미 복용하고 있는 약(처방약, 처방전 없이 살 수 있는 약, 영양 보조제 등)에 대한 알레르기가 있는지를 파악할 것입니다. (가끔 어떤 알레르기 약은 항불안제와 항우울제가 함께 상호작용을 일으키기도 합니다.) 왜냐하면 어떤 약은 다른 약의 효능을 방해하기도 하기 때문이지요. 마지막으로 당신이 마약류나 알코올을 사용한 적이 있는지에 대하여 확인할 것입니다. 만약 의사 선생님이 이런 것들에 대하여 부모님께 이야기할까 봐 겁이 난다면 부모님과 공유해도 좋은 것과 공유하지 말아야 할 것들에 대해 의사 선생님께 미리 이야기하세요. 이것은 당신을 조금 더 편안하게 해 줄 것입니다. 또한 만약에 당신이 혼자 의사 선생님을 만나고 싶다면 그것도 당연히 괜찮습니다. 많은 청소년이 그렇게 하고 있고 많은 선생님들도 괜찮다고 하십니다.

만약에 의사 선생님께서 항우울제를 처방한다면 적은 용량부터 시작할 것이며 몇 주 안에 만나서 체크를 하고 당신이 어땠는지를 들을 것입니다. 왜냐하면 당신은 친구들보다 몸 상태가 더 좋아졌을 것이라고 느낄 것이며 선생님은 약속한 기간 동안 당신이 무엇을 느꼈는지를 알고 싶어 하기 때문입니다. 당신이 좋아지거나 안 좋아지는 것을 느끼기 시작하면 바로 의사 선생님이나 부모님께 이 사실을 알리세요. 기억하세요. 대부분 약한 부작용은 몇 주 내에 사라지고 견딜 수 있을 것입니다.

맺음

약을 먹기로 하는 결정은 매우 어려운 일입니다. 그 결정은 당신의 의지와 사실에 기반한 정보에 의하여 이루어집니다. 이 장을 읽고 난 뒤 당신은 약을 사용할 준비가 될 것입니다. 이 부분에 대해서 조금 더 알고 싶어질지도 모릅니다. 이것도 좋습니다. 이러한 큰 결정을 하는 데에 서두를 필요가 없다는 것이 중요합니다. 약을 사용하는 것에 대한 거부감이 있었든, 없었든 간에 이번 장을 몇 번 더 읽어 보고 자신이 염려하는 부분에 대하여 부모님, 심리사 선생님, 그리고 가장 믿을 만한 친구들과 상의해 보아도 좋습니다. 큰 도움이 될 것입니다.

CHAPTER 10

희망, 마음 그리고 살짝 말해 주는 비밀

지금쯤이면 당신은 불안한 몸과 마음을 편안하게 하도록 도와주는 방법에 대하여 배웠을 거예요. 아마도 몸과 마음이 덜 불안하도록 하는 데에 며칠 혹은 몇 주가 걸렸을 겁니다. 축하합니다! 그것은 쉬운 일이 아니에요. 시간과 노력이 필요하지요. 이 마지막 장에서는 당신이 무엇을 배웠고 성취했는지를 되돌아보며 다음 단계 계획을 세울 수 있도록 도움을 줄 것입니다. 우리는 당신이 불안과 두려움을 덜 느꼈으면 좋겠습니다. 그리고 그런 상태를 유지했으면 합니다.

그렇지만 당신도 알다시피 때때로 삶은 스트레스입니다. 그리고 스트레스를 받을 때 당신의 불안은 과거로 되돌아가려고 할지도 모릅니다. 이것은 정상적인 일입니다. 당신이 배운 방법들은 불안을 관리할 수 있도록 당신에게 도움이 될 것입니다. 그러나 몸과 마음을 편안하게 하는 방법만큼 중요한 것은 긍정적이고 주도적인 태도를 지니는 것이며 몇 주나 몇 개월에 걸쳐 지속적으로 불안을 관리하는 데 중요한 일이라는 것입니다. 이런 태도는 희망, 마음 그리고 작은 주의로 만들어집니다. 이것들에 대한 이야기를 하고 난 다음, 불안을 조절하는 방법을 가지고 불안과 두려움에 대처하는 당신의 새로운 자세, 그리고 되돌아가지 않도록 하는 당신만의 좋은 계획표를 어떻게 만들지에 대한 이야기를 할 것입니다.

희망과 함께 살아가기

희망은 잘될 것이라는 자신감과 무엇보다도 성공할 것이라는 자신감입니다. 지금 잠시 생각해 보세요. 당신이 배워온 것들을 다시 생각해 보고, 어떤 방법이 가장 도움이 되었는지를 생각해 보세요. 어떤 목표를 지녔고 어떤 것을 이루었나요? 아마도 지난 몇 주 혹은 몇 달 동안 당신의 불안을 없애고 차분해지기 위하여 몇 가지 방법을 사용해 보았을 것입니다. 아마도 무기를 가지고 있다고 생각했기 때문에 불안을 줄이는 방법들은 불안을 덜 느끼게끔 하고 공황발작이 일어나는 빈도를 줄이는 데에 도움이 되었을 것입니다. 아마도 학교와 친구들 사이에서 불안을 잘 조절을 하고 있을 것이고 그곳에서 모든 것이 잘될 거라고 희망적으로 느끼고 있을 것입니다.

　네, 이야기를 계속하자면 어떤 것도 성공만큼 성공을 보장하는 것도 없습니다. 당신이 무엇을 성공했는지 확실히 모르겠다면 부모나 친구들에게 어떤 부분이 느껴지는지를 물어보세요. (당신은 그들에게 피드백을 받기 위하여 책을 이용했다고는 이야기할 필요가 없습니다.) 그들에게 질문을 하세요. "내가 좀 덜 불안해하거나 두려워하는 것 같아? 내가 피하려고 하는 것 같았어? 내가 좀 더 자신감을 갖게 된 것 같지 않아?"라고 질문해 보세요. 당신이 성공한 것에 대해서는 상을 주세요. 그 상은 등을 토닥이는 것 같은 단순한 것도 괜찮습니다. "열심히 했지만 쉽진 않았어. 성공해 내서 정말 기뻐." 아니면 당신의 가족이나 친구들과 그것을 기념하기 위하여 재미있는 시간을 만드는 것도 좋습니다.

그러나 당신이 열심히 했음에도 불구하고 잠시 동안이든 오랫동안이든 불안을 느꼈을 수도 있습니다. 때론 청소년들이 이 책에 있는 모든 방법을 활용하고 싶어 하고 열심히 해보려고 하지만 여전히 불안을 조절하는 것에 어려움을 느낍니다. 이것이 당신의 이야기일지라도 또다른 도움을 구할 수 있는 시간이 필요합니다. 이 책에 있는 방법을 당신과 함께해 달라고 부모님께 말씀드려 볼 수 있으며 심리사 선생님을 만나서 다른 방법을 더 배워 볼 수도 있습니다. 종교에 몸 담고 계신 목사님이나 스님 또는 의사 선생님, 다른 전문가들에게 이야기하는 것도 괜찮습니다. (다른 방법을 요청하는 것에 대해 생각하고 있다면, 두 번째 장을 다시 읽어 보기를 권합니다.)

마음먹기

마음이 의미하는 것은 당신이 할 수 있는 한 가장 충만하게 삶을 살아가는 것을 의미합니다. 당신도 알듯이 불안은 즐거움뿐 아니라 마음까지도 빼앗아 갑니다. 또한 삶에서 많은 부분을 차지하고 있기도 하지요. 아마도 새로운 것을 해보는 것에 불안함을 느꼈을 것입니다. 아마도 더 많은 친구를 사귀고 싶었지만 새로운 친구를 만나고 새로운 우정을 만들어 가는 것에 대해 불안을 느꼈을 것입니다. 아마도 여자친구나 남자친구를 사귀고 싶지만 당신의 불안은 불가능한 것처럼 느끼도록 할 것입니다. 만일 당신이 불안과 두려움을 삶 속에서 조정하는 것이 어렵다면, 시각적으로 표현해 보세요. 제3장에서 보았던 당신의 삶을 볼 수 있도록 하는 심상화 방법을 사용해 보세요. 얼마나 덜 불안하고 무서울지 상상해 보세요. 좀 더 잘 잘 수 있고 당신의 몸매나 다이어트에 대하여 덜 걱정하게 되지 않나요? 당신이 했던 모든 노력을 생각해 보세요. 그리고 당신이 삶의 여러 장면(학교, 운동, 우정, 가족, 기타 등)에서 달라지기 위하여 했던 노력들을 상상해 보세요. 불안이 당신 삶에서 영향을 덜 미친다면 무엇이 변화되고 무엇이 달라질까요? 무엇을 하고 싶은가요?

- 운동이나 사회모임 활동을 하고 싶나요?
- 새로운 친구를 사귀고 싶나요?
- 데이트를 하고 싶나요?
- 운전을 배우고 싶나요?
- 여름 방학 아르바이트를 해보고 싶나요?
- 해외 여행을 가고 싶나요?

당신이 무엇을 원하는지를 잠깐 생각해 보는 것은 실제로 그렇게 될 확률을 높입니다.

나는 내가 아는 것을 친구들과 나누기 위해 교실에서 손을 드는 것을 스스로 관찰했어요. 선생님이나 친구들이 어떻게 생각하는지에 대하여 걱정하지 않게 될 거예요. 친구들을 보면서 웃을 것이고 놀이를 하는 데에 더 많은 시간을 보낼 거예요. 여자친구도 생기고 좋은 친구들도 많이 만날 거예요. 학교에서 제일 인기 있는 아이가 되지는 않겠지만 가까운 친구들을 사귀고 기분이 좋아질 거예요!

−바비, 15세

스스로 위험 알리기

이야기했던 것처럼 마음을 편안하게 만드는 것은 쉽지 않습니다. 그렇지만 이 책에 있는 방법들이 당신을 도울 것이라고 믿습니다. 그러나 아무리 성공적이었다 하더라도 불안은 다시 찾아오는 것처럼 보이기도 합니다. 이는 당신이 경고 단계에 있다는 것을 의미합니다. 당신은 다시 되돌아가는 것에 대한 준비를 하여 스스로에게 위험을 알려주어야 합니다. 이는 214쪽의 '나의 건강 계획표'에 있습니다. 당신의 건강 계획표는 오랜 시간 노력이 드는 일을 통해 편안한 마음을 가질 수 있도록 하는 방법입니다. 그리하여 당신이 만들고 얻어 낸 것을 유지할 수 있도록 하는 것이지요. 당신의 건강 계획에는 다섯 가지를 포함시킵니다.

- 경과와 재발의 차이를 안다.
- 당신을 괴롭히는 스트레스가 무엇인지 알고 그에 대한 계획을 세운다.

- 당신의 몸과 마음을 가장 편안하게 만드는 방법을 안다.
- 체크하는 방법을 안다.
- 누가 지지적이고 도움을 줄 수 있는지 안다.

경과와 재발의 차이를 안다　당신의 불안한 마음이 이 책을 활용하여 크든 작든 평화로워져도 이후 불안한 마음으로 되돌아가고 또 다시 불안하거나 두려운 마음에 대하여 이야기를 할 것입니다. 많은 경우 당신이 느끼는 불안은 정상입니다. 예를 들면 대부분의 청소년은 결승전 게임, 눈보라 치는 날씨에 운전하는 것, 대학교 입학 시험 등에서 어느 정도 불안을 느낍니다. 이런 유형의 불안은 도움이 되기도 합니다. 눈보라 속에서 운전할 때, 큰 경기에 출전할 때와 같은 상황에서 당신의 수행 능력을 증가시키기도 하고 준비시키고 보호하여 실수를 적게 만들도록 할 수도 있습니다. 그렇지만 때때로 불안은 특정한 스트레스 시간보다 더 지속적으로 며칠, 몇 주 동안 지속되며 심지어 몇 달이 가기도 합니다. 이런 일이 일어난다면 이것은 당신이 느끼는 불안이 다시 돌아올 시동을 걸고 있다고 볼 수 있습니다. 당신의 불안한 마음은 경과와 재발이라는 두 가지 형태로 돌아오려고 합니다.

　경과란 며칠이나 일주일을 넘기지 않는 작은 형태의 지연입니다. 일반적으로 경과는 당신의 삶에 작은 영향만을 미칩니다. 학교 과제에 신경 쓰는 것이 조금은 어렵게 느껴지는 정도이지요. 당신은 약간 짜증이 나고 조마조마하고 긴장이 될 것입니다. 잠을 이루는 데에 많은 시간이 걸리기도 하지요. 하지만 학교에 갈 수 있고 친구와 만날 수도 있으며 당신의 활동을 꾸준히 할 수도 있어요. 경과는 작은 스트레스에 반응하여 당신의 걱정의 수레바퀴가 굴러가기 시작할 때 나타납니다. 그렇지만 스트레스가 사라지고 나서도 걱정 안에 머물게 되고 다른 걱정으로 옮겨가기 때문에 그날의 걱정을 찾게 됩니다. 대부분의 청소년은(어른도 마찬가지입니다만) 일반적인 상황에서 편안해지는 몸과 마음의 도구를 활용하여 경과를 멈추는 것을 잘하지는 못합니다. 그렇지만 좋은 뉴스는 당신이 쓰는 방법을 곧바로 사용한다면 천천히 걱정의 수레를 벗어나 편안한 마음으로 빠르게 되돌아올 것입니다. 많은 청소년이 별다른 추가 도움 없이도 이러한 경과를 잘 관리하고 있습니다. 그러나 때론 경과가 며칠 동안 지속될 수도 있으며 몇 주 혹은 심지어 몇 달을 갈 수도 있습니다. 그 이야기는 이제 경과가 재발로 바뀌어 가고 있다는 신호입니다.

재발이란 커다란 되돌아감인데 그 이유는 일주일 이상 지속되며 일반적으로 중간 단계에서 심각한 정도로 삶에 영향을 주기 때문입니다. 재발이 일어나면 당신은 더욱더 불안해지기 때문에 학교에 가지 않거나 과제를 끝마치지 못할 수도 있습니다. 수많은 밤 걱정의 수레바퀴가 돌기 때문에 잠을 이루는 것이 어렵고 여러 차례 깨어나며 다시 잠드는 것에 어려움을 겪을 수 있습니다. 밖에서 친구들과 노는 것을 그만두게 되고 가족들과 나가는 것을 하지 않게 되는데, 이는 불안하기 때문이죠. 얼마 전까지만 해도 쉬웠던 일들이 어렵게 느껴지는 것을 알 수가 있습니다. 경과와는 달리 재발은 심리사 선생님이나 상담사 선생님과 같은 다른 사람의 도움이 필요합니다. 가끔은 당신의 불안한 마음이 부모님의 이혼, 가족의 죽음, 전학, 당신이나 친한 사람의 투병 등으로 인하여 재발이 발생할 수 있습니다.

당신을 괴롭히는 스트레스가 무엇인지 알고 그에 대한 계획을 세운다　스트레스가 당신의 불안을 휘젓는다는 사실을 당신도 알고 있을지도 모릅니다. 이는 모든 사람에게 적용되는 사실이고 스트레스를 예방하지 않는 한 스트레스에 대하여 준비를 하는 것이 최선일 것입니다. 어떤 스트레스 상황이 당신의 불안한 마음을 휘젓는지를 아는 것은 불안에 준비하는 데 도움이 됩니다. 모든 사람이 할 수 있어요. 새로운 학교를 다니게 될 때, 새 직업을 얻을 때, 새로운 친구를 사귈 때 항상 준비를 합니다. 예를 들면, 처음 몇 주는 1년 학교 생활의 시작이 되므로 학용품을 사기도 하고 새 옷을 준비하기도 합니다. 혹은 선생님께 평일 아침에는 아무것도 하지 않는다는 정보를 줄 수도 있습니다. 스트레스 상황에 준비를 한다는 것은 (심지어 그것이 매우 즐거운 일이라 하더라도) 빠른 속도로 걱정의 수레바퀴를 굴리는 것과 같습니다.

　스트레스 상황에 준비하는 첫 번째 단계는 그것이 전형적으로 걱정의 수레바퀴라는 것을 아는 것입니다. 당신이 걱정의 수레바퀴를 굴리는 상황을 생각해 보세요. 또한 당신의 친구들이 당신에게 스트레스에 대하여 이야기하는 것을 생각해 보세요. 만약 당신이 (여전히 그러할 수도 있겠지만) 사람이 많은 장소에서 정말 불안을 느끼고 학교에서도 비슷하다면 불안한 마음이 돌아오는 것일 수 있습니다. 그리고 다음 주에 새 학기가 시작되거나 전학을 간다거나 하는 등의 어떤 변화나 커다란 전환이 생긴다고 상상해 보세요. 이러한 상황들은 보통 대부분의 청소년의 마음을 불안하게 휘저어 놓습니다. 잠시 동안 이후 12개월 동안 겪게 될 스트레스 상황에 대해 생각해 보세요. 214쪽 '나의 건강 계획표' 항목 중 '경과나 재발을 일으키는 상황'에 내용을 적어 보세요.

당신의 몸과 마음을 가장 편안하게 만드는 방법을 안다 어떤 상황이 당신의 불안을 증가시키는지 아는 것은 그에 준비하는 데에 도움이 됩니다. 당신의 불안한 마음을 편안하게 만드는 데 가장 도움이 되었던 것을 생각하세요. 당신은 제1장에서 불안함을 느끼는 것이 나약함을 의미하는 것이 아니라는 것을 배우고 안도하는 기분을 느꼈을 겁니다. 그렇지만 방어적인 반응은 엇나가기도 하지요. 공황발작과 맞서 싸우는 것보다는 그 위에 누워 버리는 것이 더 낫다는 것을 기억하기를 바랄 테고, 한 번은 두려움에 맞설 수도 있으며 다시 한 번 해볼 수도 있습니다. 그래서 나의 건강 계획표에 '기억해야 할 중요한 것'(p. 214)을 적어 보기를 권합니다. 이것은 당신의 불안한 마음이 편안해질 때, 스마트하게 생각할 때 해보는 것이고 그렇기 때문에 마음을 흔들어 놓는 일이 있을 때 적어 놓은 방법을 적용하는 것이 현명한 일이라는 것을 믿을 수 있게 할 것입니다.

다음으로는 마음을 고요하게 만드는 데에 도움이 되는 방법들의 목록을 만들어 보는 것입니다. 만약 당신이 몇 주 혹은 몇 달 동안 편안한 마음을 느꼈다면 이런 방법들에 대하여 생각해 보지 않았을 것이고 마음을 진정시키는 데에 어떤 방법이 가장 도움이 되었는지를 잘 모를 수도 있습니다. 이 책에서 우리가 이야기하는 방식이 모두 당신의 불안한 몸, 마음, 행동에 도움을 주는 것들입니다.

지금 당신의 건강 계획표에 이 방법들을 적는 것은 당신이 필요로 할 때 당장 불안한 마음을 진정시키는 데에 빠르게 도움을 줄 수 있습니다. 나의 건강 계획표의 '내가 가장 좋아하는 방법'(p. 214) 칸을 보세요. 이 책에서 이야기한 모든 방법에 동그라미를 쳐놓는 것은 당신의

걱정의 수레바퀴와 진정시키는 방법

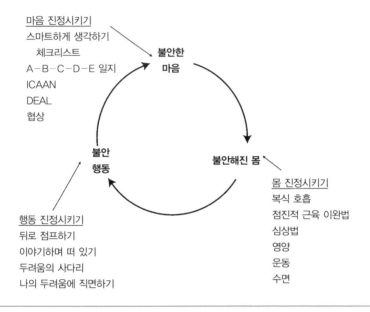

마음 진정시키기
스마트하게 생각하기
　체크리스트
A－B－C－D－E 일지
ICAAN
DEAL
협상

불안한 마음

불안해진 몸

몸 진정시키기
복식 호흡
점진적 근육 이완법
심상법
영양
운동
수면

불안 행동

행동 진정시키기
뒤로 점프하기
이야기하며 떠 있기
두려움의 사다리
나의 두려움에 직면하기

불안한 마음을 편안하게 만드는 데에 도움이 될 것입니다. 만약 당신이 모든 방법이 좋았던 것도 아니고 몇 가지 방법만 도움이 되었다고 해도 괜찮습니다. 특정한 방법이 떠오르지 않거나 어떻게 해야 하는지 기억이 잘 나지 않는다면 단기 재교육 코스를 보거나 다시 읽어 보세요.

체크하는 방법을 안다　당신이 배운 많은 방법들은 최소한 일정기간 동안 당신을 좋은 상태로 있도록 하는 좋은 방법입니다. 불안한 마음을 다스리는 것도 다르지 않습니다. 당신의 불안한 마음이 점차 진정이 되면서 한 번에 하나씩 불안과 직면을 하게 됩니다. 우리는 당신이 이런 단계를 지속하고 불안을 적게 느끼면서 자신을 관리할 수 있기를 바라며 몇 가지 방법을 알려주고 싶습니다. 우리가 추천하는 이 팁들이 어떤 방법에는 이미 포함되어 있고 도움이 되고 있습니다. 이는 매일 그리고 몇 주 동안 작은 성과를 나타냅니다. 스스로 잘하고 있는지 체크하는 방법으로 생각해 보세요. 아래의 목록을 이용하여 당신이 믿고 있는 이런 아이디어가 앞으로 몇 주, 몇 달 동안 실행하기에 현실적인 것인지 검토해 보세요.

- 다음 6개월을 위하여 일주일에 10~20분가량 할애하고 아래와 같이 일주일에 한 번 따릅니다.
  - 당신의 건강 계획표를 검토한다.
  - 다음주에 맞닥뜨릴 수 있는 잠재적인 스트레스를 예견하고 필요하다면 하나나 그 이상의 스트레스를 경감시킬 수 있는 방법을 골라둔다.
  - 다음주 식사, 운동, 수면 목표에 대한 계획을 세운다.
  - 여전히 공황이 불안한 마음의 하나의 주제라면 당신의 공황 계획표를 한 번 더 보아라. 만일 더 이상 공황발작을 경험하지 않았다면 한 달에 한두 번 정도 정기적으로 당신의 계획을 살펴보고 주요한 아이디어를 떠올려 보아라.
- 깊이 숨을 쉬는 것, 근육을 이완시키는 것, 심상법을 우선적으로 해보거나 매주 반복되는 스트레스에 맞닥뜨려 보세요. 보통의 스트레스는 시험, 지각, 많은 숙제하기, 친구나 가족과 다투기, 저조한 성적 등입니다.
- 최소한 일주일에 한 번 당신의 불안한 마음 안에서 불안의 트랙

이 돌고 있는 것을 보세요. 그리고 A–B–C–D–E를 사용해서 섞어 보세요. 만약 당신이 더 이상 불안의 트랙을 듣지 않는다면 다른 것들을 들어 보세요. 그러면 뒤섞인 것들 중에서 당신이 무엇을 해야 할지 확실하게 알 것입니다!

■ 위급한 일에 집중하거나 두려움을 피하기 위하여 계획을 세우고 직면해 보는 것입니다! 가방이나 지갑에서 목록 카드 더미를 꺼내는 것도 생각해 보십시오. 아니면 일기를 적어 보세요. 매 시간 당신은 위급한 것을 찾아내거나 피해야 할 것들에 대한 계획을 세울 수 있습니다. 이렇게 적어 보세요. "내가 피하고 싶은 것은 ……" 그러고 나서 "그러나 그 대신 나는 ……"

몇 가지 아이디어를 선택했나요? 노력해 보려고 하나요? 당신이 선택하는 더 많은 아이디어와 더 많이 노력해 보려는 마음은 불안이 작고 관리하기 쉽다고 여기는 데에 큰 기회를 가져다줄 것입니다. 비록 할 게 많아 보일지라도 가장 좋은 방법을 활용하여 스스로 일상적인 습관을 만들도록 시작하려는 모습을 찾게 될 것입니다. 생활 속에서 그런 습관은 일상이 되고 이를 닦는 것이나 숙제를 하는 것과 별반 차이가 없게 느껴질 것입니다.

그리고 유연함을 가져 보세요. 휴가를 예로 들면, 적용하고 있는 방법으로부터 잠시 다른 것을 하느라 마치 휴가를 가듯 하는 것이지요. 새로운 휴가 방식이 당신의 불안을 휘저어 놓지 않는다면 이것은 괜찮은 결정일 수 있습니다. 아니면 당신이 지금 너무나 바쁜 한 주를 보내고 있고 해야 할 일을 잊었다면 다른 날 하는 것으로 계획을 바꾸면 됩니다. 혹은 몇 주 동안 트랙을 뒤섞는 것을 잊었다면 다른 주에 다시 하면 됩니다. 우리가 함께 작업했던 많은 청소년은 현실적이고 유연한 계획을 세우고 자신들의 불안을 작게 만들거나 관리할 수 있었을 뿐 아니라 경과나 재발 또한 예방할 수 있었습니다. 지금 얼마 간의 시간을 소요하여 세운 계획 내용을 '나의 건강 계획표'에서 '불안을 사소하고 유연하게 유지할 수 있는 방법'(p. 214) 란에 적어 보도록 합니다.

누가 지지적이고 도움을 줄 수 있는지 안다 건강 계획표에서 가장 마지막에 포함하고 있는 내용은 지지해 줄 사람의 명단을 만들어 보고 어떻게 그들과 연락할 것인가를 적는 것입니다. 무언가가 당신의 불안한 마음을 발동시킬 때 과거에 도움을 주었던 누군가를 기억해 보고 도움을 요청해 볼지 생각하는 것은 어렵습니다. 당신이 불안해할 때 당신에게 무슨 일이 있는지를 이해하는 사람들과 이전에 당신에게 무언가 도움을 주었던 사람들은 불안을 가볍고 괜찮고, 사소하게 느껴지도록 도움을 줄 수 있습니다. 누가 당신의 마음을 편안하게 하는 데에 도움을 줄 수 있는지 생각해 보세요. 아마도 부모님, 심리사 선생님 등이 당신의 목록에 이름을 올릴 것이며 혹은 당신의 인내심이 많고 가까운 친구들도 목록에 적게 될 것입니다. 혹은 다니고 있는 학교나 지역의 위기상황 상담전화 등을 목록에 쓸 수도 있습니다.

몇 달 전에 대학교에 입학을 했어요. 나는 내가 이완 기법 등을 이용하여 나의 불안을 조절할 수 있을 것이라 생각했습니다. 그리고 문제를 해결할 수도, 나의 두려움과 마주할 수 있다고도 생각했지요. 그렇지만 그것은 어려웠습니다. 내 불안은 수업과 야구로 인해서 갑자기 나타날 수도 있다고 생각했습니다. 나는 일요일 밤에 내가 좋아하는 방법을 20분간 체크를 하고 대학교 입학 후 처음 몇 주 동안 사용을 했습니다.

—클레이, 19세

나의 건강 계획표

이제 이 책에서 배운 모든 방법을 마지막 건강 계획표 안에 연결을 시켜야 할 때입니다. 당신의 건강 계획표는 부모님이나 상담사 선생님, 심리사 선생님 등과 함께 만들 수 있습니다. 언젠가 불안이나 두려움을 느끼게 된다면 당신을 도와주려고 하는 사람들이 도움이 될 것입니다. 당신의 건강 계획표에서 방법들을 모두 열거하게 될 것입니다. 비록 건강 계획표가 책상에 아무렇게나 던져지거나 이 책에 끼워 놓을지라도 당신이 필요로 할 때 꺼내 볼 수 있는 곳에 만들어 놓으라고 권유하고 싶습니다. 눈에 잘 띄는 곳에 놓아 당신을 지원해 주는 사람들이 당신에게 도움을 줄 수 있도록 사람들에게 이야기해 보는 것도 생각할 수 있을 것입니다.

덜 불안한 하루하루를 향해

"그렇게 되지는 않을 것이다."라거나 "너는 할 수 없다."고 이야기하는 다른 사람의 말만 듣고 생각을 해보거나 무언가를 하기 위한 계획을 세워 본 적이 있나요? 당신의 불안한 마음은 그런 사람들과 마찬가지입니다. 불안은 당신의 귀에 "실패하게 될 것이다.", "결국 두렵기 때문에 하지 못하게 될 것이다."라고 속삭입니다. 당신이 이 책으로부터 하나라도 얻어 간다면 당신은 불안한 마음이 하는 소리를 덜 듣게 될 것입니다. 비록 당신의 불안한 마음은 삶의 일부분에 계속 머물고 있겠지만 대신 당신은 그 불안한 마음에 작은 공간만을 빌려줄 수 있을 것입니다. 이 책에 있는 방법들은 당신이 노력한 것 이상으로 더 많은 도움이 될 것입니다. 이따금씩 우리는 불안에게 마음을 많이 빌려주고 있다는 사실을 기억하세요. 매일매일을 살아가는 의사, 엔지니어, 프로 운동선수, 어른들도 불안한 마음을 가지고 있고 그럼에도 불구하고 삶을 이끌어 가고 성공적으로 살아가고 있습니다. 불안한 마음은 당신이 성공하지 못한다는 것을 의미하지 않아요. 그리고 당신이 행복하지 않다고 말하는 것도 아닙니다. 여러분의 앞날에 행운이 있기를!

나의 건강 계획표

나의 성공	
내가 시도해 본 새로운 상황, 기회, 활동	
경과나 재발을 일으키는 상황	
기억해야 할 중요한 것	
불안을 사소하고 유연하게 유지할 수 있는 방법	
나를 도와줄 수 있는 사람들	

내가 가장 좋아하는 방법

가장 도움이 되는 방법에 동그라미를 치세요.

마음을 진정시키는 방법

반대가 되는 증거 찾기	책임 파이
타임머신	자신감을 주는 것들

몸을 이완시키는 방법

복식 호흡	점진적 근육 이완법
심상법	식사
운동	수면

두려움에 직면하는 방법

이야기하기	뒤로 점프하기
주의 전환	두려움의 사다리

스트레스를 낮추는 방법

ICAAN	협상
DEAL	감정 구분하기

부록

추가적인 나의 두려움에 맞서기 위한 계획표

바비의 나의 두려움에 맞서기 위한 계획

날짜 : 6월 2일

오늘 내가 두려움을 느끼는 것은 : 수학 시간에 답을 말하기 위해 손을 드는 것이다.

나의 불안 형태는 : 모두가 나를 비웃거나 내가 잘난 척한다고 생각할 거라는 것이다.

스마트하게 생각하기 위한 체크리스트

고요한 마음의 도구	조정된 방법
자신감 키우기	• 만약 다른 애들이 나를 비웃거나 잘난 척한다고 생각한다 하더라도 내가 그렇지 않다는 사실을 알고 있으니까 감정을 조정하면 된다. • 내 친구는 내가 잘난 척하는 애가 아니라는 것과 내가 괜찮은 사람이라는 것을 알고 있다. • 다른 애들이 나를 좋아하지 않을 테지만 그렇지 않다 하더라도 나는 괜찮다. • 내가 원하는 건 반 친구들 모두와 친해지는 것이 아니라 몇몇과 친하게 지내는 것이다.

나의 조정된 방법 : 교실에서 답을 말하려고 하는 것은 다른 친구들이 내가 잘난 척한다고 생각한다는 것을 의미하지는 않는다. 만약 내가 답을 했는데 그것이 정답이 아니라 하더라도 선생님은 내가 소신하고 노력했다는 것을 아시기 때문에 비웃지 않을 것이다. 다른 애들도 비웃을 거라고 생각하지 않고 만약 친구들이 그렇다고 하더라도 선생님께서 빨리 아이들을 조용히 시킬 것이며 그것이 나쁜 것이라고 해주실 것이다.

바비의 나의 두려움에 맞서기 위한 계획(계속)

두려움의 사다리

상황과 단계	두려움의 정도(0~10)
내 생각을 선생님께 말씀드리기 위해 교실에서 손을 드는 것	9
질문에 답을 하기 위해 교실에서 손을 드는 것	8
질문을 하기 위해 교실에서 손을 드는 것	6
내 생각과 똑같은 질문을 하는 친구에게 동의를 하기 위하여 교실에서 손을 드는 것	5
쉬는 시간에 질문에 대답하기	4
다른 친구들과 같은 답을 생각하고 있다는 것을 선생님께 보여드리기 위해 고개를 끄덕이는 것	3
질문을 나의 노트에 적어두었다가 수업이 끝난 후 선생님께 질문하는 것	2

바비의 두려움 온도계

민의 나의 두려움에 맞서기 위한 계획

날짜 : 10월 12일

오늘 내가 두려움을 느끼는 것은 : 손으로 주방을 만지고 얼굴을 문지르거나 씻지 않는 것이다.

나의 불안 형태는 : 내 얼굴의 세균이 나를 병에 걸리게 할 것이고 정말 아프게 될 것이다.

스마트하게 생각하기 위한 체크리스트

고요한 마음의 도구	조정된 방법
자신감 키우기	• 더럽다고 느끼는 것이나 두려워하는 것을 조정할 수 있다. • 나는 내 불안이 전차 적어질 것이라고 믿고 전에 해본 대로 나의 두려움이 사라질 때까지 즐길 수 있을 것이다.

나의 조정된 방법 : 어질러진 주방을 만지는 것은 위험한 일이 아니다. 내가 아프거나 큰 병에 걸리거나 죽게 될 확률은 제로이다. 이 모든 것은 나의 강박장애가 저지르고 있는 일일 뿐이다.

두려움의 사다리

상황과 단계	두려움의 정도(0~10)
60분 동안 주방을 만지고 얼굴을 손으로 비빈 후에 세수나 손을 닦지 않고 있는 것	10
주방을 만지고 60분 동안 손을 씻지 않고 있는 것	9
45분 동안 주방을 만지고 얼굴을 손으로 비빈 후에 세수나 손을 닦지 않고 있는 것	8

민의 나의 두려움에 맞서기 위한 계획(계속)

두려움의 사다리

상황과 단계	두려움의 정도(0~10)
주방을 만지고 45분 동안 손을 씻지 않고 있는 것	9
15분 동안 주방을 만지고 얼굴을 손으로 비빈 후에 세수나 손을 닦지 않고 있는 것	8
주방을 만지고 15분 동안 손을 씻지 않고 있는 것	6
15분 동안 주방을 만지고 얼굴을 손으로 비빈 후에 세수나 손을 닦지 않고 있는 것	5
주방을 만지고 15분 동안 손을 씻지 않고 있는 것	4

민의 두려움 온도계

청소년에게 좋은 읽을거리

소설

Buffie, M. (1998). *Angels turn their backs*. New York: Kids Can Press.
Harrar, G. (2004). *Not as crazy as I seem*. New York: Graphia.
Hesser, T. S. (1998). *Kissing doorknobs*. New York: Delacorte Press.
Tashjian, J. (1999). *Multiple choice*. New York: Henry Holt.

논픽션

Fox, A., & Kirschner, R. (2005). *Too stressed to think? A teen guide to staying sane when life makes you crazy*. Minneapolis, MN: Free Spirit.
Hipp, E. (2008). *Fighting invisible tigers: Stress management for teens* (3rd ed.). Minneapolis, MN: Free Spirit.
Kant, J. D., Franklin, M., & Andrews, L. W. (2008). *The thought that counts: A firsthand account of one teenager's experience with obsessive-compulsive disorder*. New York: Oxford University Press.

부모에게 좋은 읽을거리

불안

Dacey, J. S., & Fiore, L. B. (2000). *Your anxious child: How parents and teachers can relieve anxiety in children*. San Francisco: Jossey-Bass.
Foa, E. B., & Andrews, L. W. (2006). *If your adolescent has an anxiety disorder: An essential resource for parents*. New York: Oxford University Press.
Monahon, C. (1993). *Children and trauma: A guide for parents and professionals*. San Francisco: Jossey-Bass.
Rapee, R. M., Wignall, A., Spence, S. H., Cobham, V., & Lyneham, H. (2008). *Helping your anxious child: A step-by-step guide for parents* (2nd ed.). Oakland, CA: New Harbinger.
Spencer, E. D., DuPont, R. L., & DuPont, C. M. (2003). *The anxiety cure for kids: A guide for parents*. Hoboken, NJ: John Wiley & Sons.
Wagner, A. P. (2005). *Worried no more: Help and hope for anxious children* (2nd ed.). Rochester, NY: Lighthouse Press.

강박장애

Chansky, T. E. (2000). *Freeing your child from obsessive–compulsive disorder: A powerful, practical program for parents of children and adolescents.* New York: Crown.

Fitzgibbons, L., & Pedrick, C. (2003). *Helping your child with OCD: A workbook for parents of children with obsessive–compulsive disorder.* Oakland, CA: New Harbinger.

Wagner, A. P. (2002). *What to do when your child has obsessive–compulsive disorder: Strategies and solutions.* Rochester, NY: Lighthouse Press.

Waltz, M. (2000). *Obsessive–compulsive disorder: Help for children and adolescents.* Sebastopol, CA: O'Reilly.

의학서적

Elliott, G. R. (2006). *Medicating young minds: How to know if psychiatric drugs will help or hurt your child.* New York: Stewart, Tabori & Chang.

Wilens, T. E. (2008). *Straight talk about psychiatric medications for kids* (3rd ed.). New York: Guilford.

온라인

전문협회

아래의 전문협회는 청소년과 부모에게 신체적이고 정서적인 안녕뿐 아니라 위탁이나 심리사 위치 정보를 담은 심리학 및 정서 관련 주제의 소책자나 작은 조언, 읽을거리 등을 제공합니다.

- **Academy of Cognitive Therapy**
  www.academyofct.org
- **American Academy of Child and Adolescent Psychiatry**
  www.aacap.org

- **American Psychiatric Association**
  www.psych.org, www.healthyminds.org
- **American Psychological Association**
  www.apa.org, www.apahelpcenter.org, http://locator.apa.org
- **Association for Behavioral and Cognitive Therapies**
  www.abct.org

특정장애

아래는 공중보건, 건강전문가 및 미디어에 특정불안이나 불안과 관련된 장애에 대한 정보와 교육을 전담하고 있는 몇몇 기관들입니다. 이 기관들은 청소년과 부모에게 특정장애, 그에 대한 대처방법, 지지 그룹의 위치 외 여러 가지에 대한 정보를 제공합니다.

- **Anxiety Disorders Association of America**
  www.adaa.org, www.gotanxiety.org
- **Obsessive–Compulsive Foundation, Inc.**
  www.ocfoundation.org
- **Trichotillomania Learning Center**
  www.trich.org

건강 정보

미국 보건사회복지부는 청소년과 부모에게 신체 및 정신건강에 관한 좋은 정보를 제공합니다.

- **Food and Drug Administration**
  www.fda.gov
- **National Institute of Mental Health (NIMH)**
  www.nimh.nih.gov
- **National Institutes of Health (NIH)**
  www.nih.gov

참고문헌

제1장

Foa E. B., & Andrews, L. W. (2006). *If your adolescent has an anxiety disorder: An essential resource for parents*. New York: Oxford University Press.

제7장

Blumenthal, J. A., Sherwood, A., Gullette, E. C. D., Georgiades, A., & Tweedy, D. (2002). Biobehavioral approaches to the treatment of essential hypertension. *Journal of Consulting and Clinical Psychology, 70(3)*, 569–589.

Gillham, J. E., Brunwasser, S. M., & Freres, D. R. (2007). Preventing depression in early adolescence: The Penn Resiliency Program. In J. R. Z. Abela & B. L. Hankin (Eds.), *Handbook of depression in children and adolescents* (pp. 309–332). New York: Guilford.

제8장

American Academy of Pediatrics. (2003). *Caring for your teenager: The complete and authoritative guide.* (D. E. Greydanus & P. Bashe, Eds.). New York: Bantam.

American Academy of Pediatrics Committee on Nutrition. (2009). *Pediatric nutrition handbook* (6th ed.). (R. E. Kleinman, Ed.). Elk Grove Village, IL: American Academy of Pediatrics.

Bourne, E. J. (2005). *The anxiety & phobia workbook* (4th ed.). Oakland, CA: New Harbinger.

Carskadon, M. A. (Ed.). (2002). *Adolescent sleep patterns: Biological, social, and psychological influences.* New York: Cambridge University Press.

National Sleep Foundation. (2006). *National Sleep Foundation 2006 Sleep in America Poll Highlights and Key Findings.* Retrieved from http://www.sleepfoundation.org/atf/cf/{F6BF2668-A1B4-4FE8-8D1A-A5D39340D9CB}/Highlights_facts_06.pdf

National Sleep Foundation. (2006). *Summary of findings of the 2006 Sleep in America poll.*Retrieved from http://www.sleepfoundation.org/atf/cf/{F6BF2668-A1B4-4FE8-8D1A-A5D39340D9CB}/2006_summary_of_findings.pdf

U.S. Food and Drug Administration Center for Food Safety and Applied Nutrition. (2004). *How to Understand and Use the Nutrition Facts Label.* Retrieved from http://www.cfsan.fda.gov/~dms/foodlab.html

Wilson, R. (2009). *Don't panic: Taking control of anxiety attacks* (3rd ed.). New York: Harper Collins.

제9장

Walkup, J. T., Albano, A. M., Piacentini, J., Birmaher, B., Compton, S. N., Sherrill, J. T., et al. (2008). Cognitive behavioral therapy, sertraline, or a combination in childhood anxiety. *New England Journal of Medicine, 359(26),* 2753–2766.

찾아보기

저자 소개

마이클 A. 톰킨스(Michael A. Tompkins) 박사는 면허를 취득한 심리사이며 샌 프란시스코 베이 지역 센터의 창업 파트너이다. 또한 캘리포니아 대학교 버클리의 임상 조교수이며 국제인지행동치료 창시자(Fellow of Academy of Cognitive Therapy, ACT)이다. 톰킨스 박사는 성인, 청소년, 어린이의 불안과 기분장애에 대한 인지행동치료 전문가이다. 인지행동치료에 관한 수많은 논문 및 저서의 저자 혹은 공저자이며 대표작으로는 *Using Homework in Psychotherapy: Strategies, Guidelines, and Form*과 미국심리학회 관련 책, 비디오테이프 시리즈(Jacqueline B. Person과 Joan Davisons과 함께), *Essential Components of Cognitive-Behavior Therapy for Depression*이 있다. 최근에는 미국심리학회에서 *Cognitive-Behavior Therapy for Obessive-Compulsive Disorder in Youth : A Step-by-Step Guide* 책을 출판하였다. 현재 캘리포니아의 오클랜드에서 아내와 두 딸과 함께 살고 있다.

캐서린 A. 마티네즈(Katherine A. Martinez) 박사는 면허를 취득한 심리사이며 샌프란시스코 베이 지역 센터의 파트너이다. 마티네즈 박사는 성인과 어린이의 불안, 우울, 주의력결핍장애에 대한 인지행동평가 및 치료 전문가이다. 그는 부모와 보호자들을 위한 부모효능훈련을 실시하며, 캘리포니아 대학교 버클리 익스텐션, 오클랜드 어린이 병원과 연구센터에서 남편과 아들과 함께 청소년을 위한 인지행동치료 워크숍과 훈련활동을 한다.

삽화가 소개

마이클 슬로안(Michael Sloan)은 뉴욕으로 오기 이전에 유럽에서 몇 년 동안 판화 제작자로 활동하였다. 슬로안의 첫 번째 삽화는 뉴욕타임즈의 서평 페이지에 실렸고 자주 기고를 하는 곳이다. 포춘지, 빌리지 보이스, 뉴요커, 반즈 앤 노블, 샌프란시스코 크로니클 등에 삽화를 그리고 있다. 또한 *Professor Nimbus books and comics*의 저자이기도 하다. 두번 째 소설만화는 *The Heresy of Professor Nimbus*로 49회 일러스트레이터 소사이어티 은메달을 수상하였다.

역자 소개

이태선

건강심리전문가
대한항공 전임강사(심리학)
덕성여자대학교 심리학과 졸업
덕성여자대학교 대학원 임상건강심리학 석사
장안대학교 사회복지학과 겸임교수 역임
덕성여자대학교 심리학과 외래교수 역임
전) 연세대학교 의과대학 영상의학과 분자신경영상연구실 연구원
전) 웰빙건강심리센터 연구원